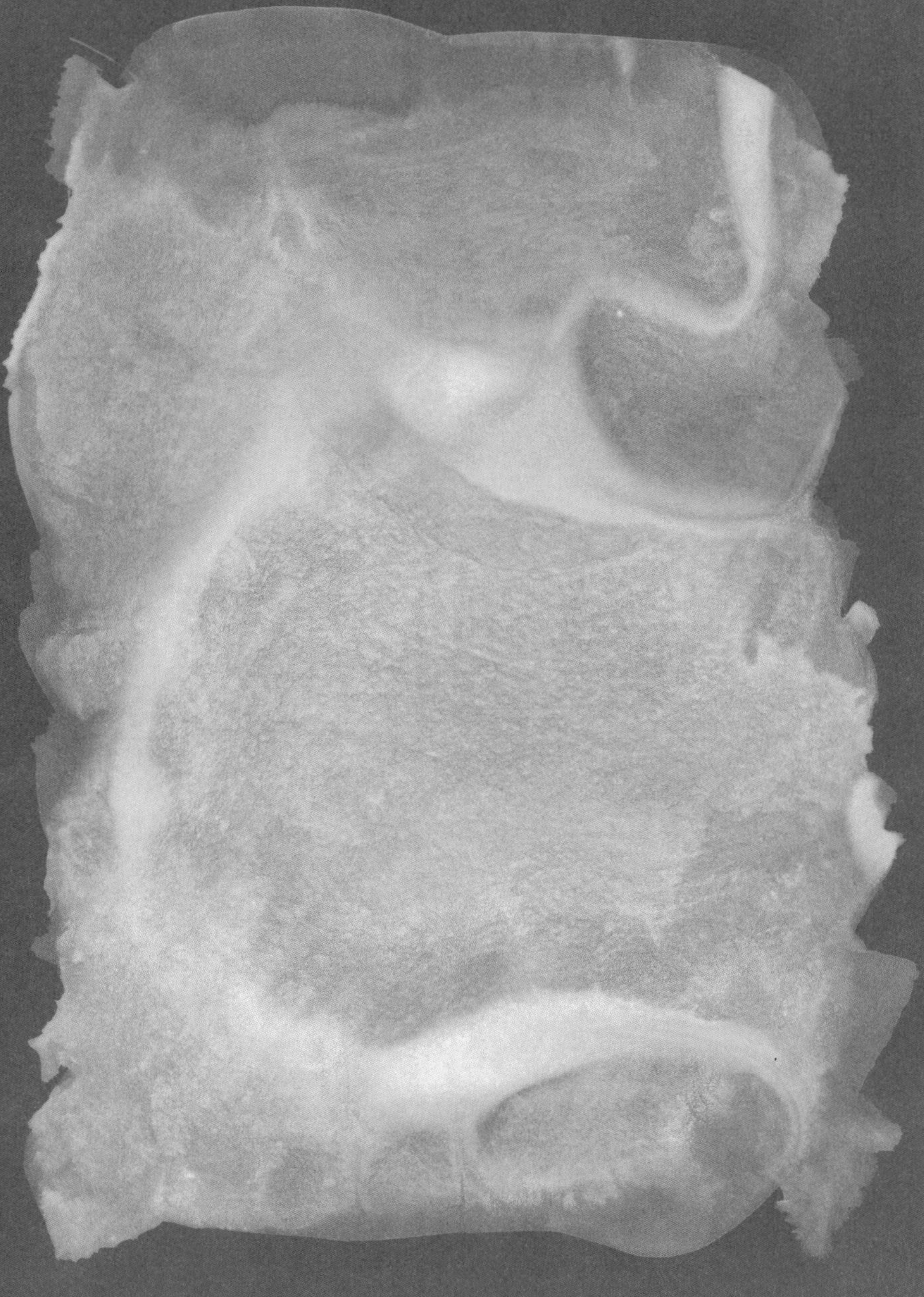

BLANK PAGE

空っぽを満たす旅

内田也哉子

文藝春秋

母と　父を　たてつづけに喪った。
それは　私がはじめて実感する　家族の死だった。

Driving My Mother

2018 年 11 月

うわのそら。この言葉が今、最も自分の心の有り様を表している。9月に母が他界してからというもの、不思議なくらい、哀しみも、歓びも、焦りも、怒りも、あらゆる感情が靄《もや》に包まれ、どこか意識から離れたところで浮遊している感覚なのだ。厄介なのは、それらの感情が消えたわけではなく、確かに存在しているということ。そこに在るのに、手触りがない。得体の知れないものが渦巻いているのに、無意識のうちに知らんぷりしている自分がいる。

8月のお盆真っ盛りのある日、私は母と二人で知人宅を訪ねるべく車で遠出をしていた。まだその2日前に英国から帰国したばかりの私は、時差ボケで眠気と戦いながらもハンドルを握っていた。もう17年以上乗っている母の愛車は、車体にもみじマーク（高齢運転者標識）が堂々と貼ってあり、修理に出しても直ることのなかった不気味な唸《うな》り音が、運転中ずっと低く鳴り響くのである。

「この音、とうとう直らなかったねぇ……」

ただ事実だけをなぞった私の呟きに、

「いいのよ、この故障だらけの婆さんにぴったりじゃない。私の代わりに唸っててんの」

と、母は嬉しそうに笑った。


40年近く昔の私が幼かった頃、母はシトロエン社の2CVに乗っていた。それから私が物心つくまで、7台も色違いを乗り継いでいたほど傾慕《けいぼ》していた。

「あの頃なんて私、赤ん坊のあんたを負ぶい紐で背中に括《くく》りつけて運転してたんだからねぇ……」

チャイルドシートという言葉すら聞いたこともない時代の話だ。そういえば何となく記憶の彼方に、母の温かい背中とシートの背もたれに挟まれながら、スピードと共に変化する景色が見え隠れしていた感覚が残っている。あるいは、その話を後に聞きすぎて記憶の上書きをしているだけかもしれない。いずれにせよ、今となっては途切れることなく唸り続ける老車の後部座席に、よく知る母の3分の1のサイズに縮んでしまった老母を乗せて運転する様はもはや、映画『ドライビング Ｍｉｓｓ デイジー』さながらだった。


外階段しかないアパートの3階に知人宅は位置する。平らな道も休み休みでないと歩けなくなった母が、果たしてこの階段を登れるものかと聞いてみる。

「大丈夫？ 手を引こうか？」

「いやいや、自分のバランスでゆっくり登るから、ほっといて」

母はいつものようにそっけなく言い放つ。やがて、なんとか山頂、いや、3階に辿り着き、用事を済ませ、さてと帰路に就こうとした瞬間、母が呟いた。

「脚が折れた……」

まだ一歩も階段を降りないまま、踊り場に静かに座り込む母。そのあまりの突拍子もなさと彼女の冷静さに、私が半信半疑で覗き込むと、見事なまでに大腿骨が真っ二つに折れ、その先の脚はだらりとぶら下がっていたのだ。

「芸能人は救急車を呼ぶべからず」

という誰が決めたかも知らない謎の掟《おきて》に従い、脳内真っ白な私は母を抱きかかえ、炎天下の外階段を一段一段降りていった。やっとの事で車のトランク上に母を置き、この時ばかりは観音開きのドアを恨んだ。片手で母が落ちぬよう押さえ、もう片方で遠くにあるドアハンドルにリーチする。3回目の挑戦でドアを開け、なんとか母を車内に座らせることに成功。途中で落としてきた母の靴と杖をダッシュで拾いに戻り、まるで滝修行でもしたてのように汗だくの私は、手を滑らせながら必死でエンジンをかけ走り出した。


結構な惨事に出くわすと、人はしじまに心を潜めるのかもしれない。その証拠に私たち二人はそこから病院に辿り着くまでの90分間、無言のまま、うるさかったのは、自分の心臓の音と老いた車の唸り音だけだった。ただ一度だけ、あまりの母の静けさに怖くなり、はたと後ろを振り向き聞いてみた。

「い、い、痛くないの?」

ふた間おいて、

「イタイです」

母は表情ひとつ変えずに、きちんと私の愚問に答えてくれた。

私の母は、18歳の頃から役者という職業を生業としてきた。つまり、依頼さえあれば、笑うことも、泣くことも、怯《おび》えることも、怒ることも自由自在なはずである。実際、そうした母の喜怒哀楽を何度も画面を通し、私は見てきた。ところが私生活において母は、不思議なまでに、泣くことがなかった。いや、正確には、人の悲しみ、苦しみ、喜びに共鳴して涙することは多々あったが、ことに自分のことで泣いたり、言い訳を言ったり、悔しがったり、嫉妬したりということが一切なかった。

そんな中、さすがにこれは悲しいだろう、辛いだろうといった場面で、ことあるごとに私は母に問いかけてきた。すると答えは決まって、

「そりゃ、そうだけど、言っても仕方ないでしょう。直るんなら言うけど」

どこまでもただ、無駄が嫌いなのだ。自分でしか消化できない感情は、人様と共有したところで、その場の空気を濁すだけ。それならじっと耐えて、耐えることすら周りに悟られないよう、さっと気持ちを切り替えるのだ。それを人は、せっかちとも言う。刻一刻と変化する心模様のある一点にこだわり続けるのは、時間が勿体無いだけかもしれない。

それにしても、私がいつも嫌だったのは、何か深刻な事態について話し合う際、決まって2、3分もすれば母が冗談を言いはじめ、ケラケラ笑い出すこと。こっちがどんなに悩んだり、真剣に話し込んでいても、お構いなしでどんどん面白いことにしてしまうのだ。引いてみれば、そりゃ、その方が良いのだろう。深みにはまってみても打開策がないのなら、もう笑うしかない。泣いて、怒って地団駄踏んで疲れ果てるのも、笑って、顎が外れそうになるのも、どうせ同じ時間を使うなら、免疫細胞を活性化する方が気分がいい、といった具合に。ところがまだ笑う準備どころか、不安も拭えていないこちらとしては、消化不良でたまったもんじゃない。

人情味あふれた人。少なからず、母と接した経験のある人には、そういう印象もあるようだ。そして、ある側面でそれは確かである。目の前に困った人がいれば、たとえそれが赤の他人でも、必ずなんらかの手助けをするか、どうしたものかと共に考える質《たち》の人だ。そして、その場でそれっきりじゃなく、時が経っても、

「あの人、その後どうしてるかね……」

と、遠い目をして思いを馳せるか、

「ちょっと連絡して、聞いてみよう！」

と、お節介を焼くのが常だった。

そうかと思えば、泣く子も黙るほど「嫌だ」を表現することも折に触れあった。それは、私生活というよりは、むしろ仕事でモノづくりをする現場においてのことが多かったようだ。ある共演者の目撃情報によれば、監督と芝居の意見が合わなかった時、母は怒りのあまりセットの一部をひっくり返したことがあったという。まるで昔の頑固親父がちゃぶ台を威勢よくひっくり返すが如く。あるいは、ある時、私は初対面の方に、

「昔ね、私はテレビドラマのディレクターをやっていましてね、あなたのお母さんと仕事した折に、僕は才能がなさすぎるから、転職した方が良いと言われ、その後に辞めたんです。そういえば、女優さんでも、そういうことをお母さんに言われて、辞めていった人がいたなあ」

私はそのことを聞いた瞬間、耳から火が噴くほど恥ずかしくなり「どうか神様、この人が私のお母さんではありませんように」という無力な祈りを捧げた。それから帰宅後、当人に食ってかかった。

「一体全体、あなたは何様ですか？　そもそも、芸術も芸能も表現すること自体に正解はないでしょう？　どうしてそんな人様の運命を変えることをしてしまったの⁉」

すると母はとぼけて空を見る。

「あらぁ、そうだったぁ……そんなこと私してたの？　それはひどいわ、ごめんなさい」

確信犯の老人ほどタチが悪いものはない。ただほんの時折、本心を垣間見せることがあった。

「真剣に芝居を作ってる時に、トンチンカンなことという監督は、もう本気で刺してやろうかっていうくらい、カーッとくる。たとえお互い、これで死んでもいいやってね」

その時の彼女の目は据わっている。まるで絶望に突き落とされた自分を俯瞰でもするように。実際、母とは二度と仕事したくないとか、テレビで名前を耳にしただけで、即座にチャンネルを変える監督もいるそうだ。気の小さい私は、その手の噂が聞こえるたびに寿命を縮めてきた。


そうして、ある種のマザーコンプレックスを生涯抱えてきた私は、まるで神隠しにでもあったように母を亡くした。42年間、未だ決着のついていない謎解きが、一瞬にして幕を閉じる。

「これにて、時間終了！　はい、撤収開始」

なんだか、撮れ高がもう充分なクイズ番組のスタッフが一斉に片付け始めるようだ。実際のところ、母が居なくなってからというもの、ひたすら実務に追われる日々を送っている。お葬式をはじめ、契約の解約、名義書換えや、それに付随する各種手続きほど、家族の喪失という心情と相反するものはない。棺桶、骨壺、霊柩車、祭壇の品質とデザイン選びから、菩提寺のご住職や葬儀屋との段取り、電気／ガス／水道や、クレジットカードの解約に加え、税理士／銀行／生命保険会社とのやり取り。各窓口の見ず知らずの方に電話をかけ、淡々となんの感情もなく用件を伝える。

「先日、私の母が他界しまして……これこれしかじかなので……できますか？」

例えば、飛行機会社で故人が貯めたマイルも遺族が相続できるのはご存知だろうか。母親を失った娘が、その二ヶ月後に受け取ったマイルで、次のフライトの予約をテキパキと取るのである。


人が死んで、生活から消えて、遺された者がまた何事もなかったように日常に戻っていく。当然のことだが、時々、この滑稽な人生が無性に耐えられなくなる。私が単なる有機物ならそれでいい。ただ、感情という煩《わずら》わしいものを持つ以上、それをどう消化すればいいのだろう。この堂々巡りにはまるほど、矛盾だらけの現実に嫌気がさすのだ。

「食べるのも日常、死ぬのも日常」

と母は言っていた。この世に生を享《う》けた以上、誰しもが親との別れをいつか味わう。たとえ壮大な宇宙の時空に浮遊する塵《ちり》として、ほんの瞬《まばた》きの間、命が存在していただけでも、そのことの結果、現在に連綿と繋がっているのだとすれば、それも本望かもしれない。

ふと、スローモーションで大理石の骨壺が、頭上から降ってくる。母の遺骨が床に叩きつけられ、あたりに粉々に砕け散る。「上の空」を見上げると、太陽の光で無数の埃がきらきらと輝いている。

胸が少しだけ、締めつけられた。

私に紙とペンを与えてくれた恩師、秋山道男氏を偲んで。

Rock 'n' Roll 葬 喪主挨拶

2019年4月　東京・青山葬儀所にて

本日は大変お忙しいところ、父、内田裕也のロックンロール葬にご参列いただきまして、誠にありがとうございます。親族代表として、ご挨拶をさせて頂きます。

私は正直、父をあまりよく知りません。「わかりえない」という言葉の方が正確かもしれません。けれどそれは、ここまで共に過ごした時間の合計が数週間にも満たないからというだけではなく、生前、母が口にしたように、

「こんなにわかりにくくて、こんなにわかりやすい人はいない。世の中の矛盾をすべて表しているのが内田裕也」

ということが根本にあるように思えます。私の知りうる裕也は、いつ噴火をするかわからない火山であり、それと同時に、溶岩の狭間で物ともせずに咲いた野花のように、清々しく無垢な存在でもありました。

率直に言えば、父が息をひきとり、冷たくなり、棺に入れられ、熱い炎で焼かれ、ひからびた骨と化してもなお、私の心は、涙でにじむことさえ戸惑っていました。きっと、実感のない父と娘の物語が、はじまりにも気付かないうちに幕を閉じたからでしょう。けれども、きょう、この瞬間、目の前に広がる光景は、私にとっては単なるセレモニーではありません。裕也を見届けようと集まられたお一人、お一人が持つ、父との交感の真実が、目に見えぬ巨大な気配と化し、この会場を埋め尽くし、ほとばしっています。

父親という概念には、到底、おさまりきらなかった内田裕也という人間が叫び、交わり、嚙みつき、歓喜し、転び、沈黙し、また転がり続けた震動を、皆さんは確かに感じ取っていた。

「これ以上、お前は何が知りたいんだ」

きっと、父もそう言うでしょう……。

そして、自問します。私が父から教わったことは、何だったのか?

それは、多分、大袈裟に言えば、生きとし生けるものへの畏敬の念かもしれません。

彼は破天荒で、時に手に負えない人だったけど、ズルイ奴ではなかったこと。地位も名誉もないけれど、どんな嵐の中でも駆けつけてくれる友だけはいる。

「これ以上、生きる上で何を望むんだ」

そう、聞こえてきます。

母は晩年、自分は妻として名ばかりで、夫に何もしてこなかった、と申し訳なさそうに呟くことがありました。

「こんな自分に捕まっちゃったばかりに……」

と遠い目をして言うのです。そして、半世紀近い婚姻関係の中、折り折りに入れ替わる父の恋人たちに、あらゆる形で感謝をしてきました。私はそんな綺麗事を言う母が嫌いでしたが、彼女はとんでもなく本気でした。まるで、はなから夫は自分のもの、という概念がなかったかのように。勿論、人は生まれもって誰のものでもなく個人です。歴とした世間の道理は承知していても、何かの縁で出会い、めおとの取り決めを交わしただけで、互いの一切合切の責任を取り合うというのも、どこか腑に落ちません。けれども、真実は、母がその在り方を自由意志で選んだのです。そして、父もひとりの女性にとらわれず心身共に自由な独立を選んだのです。

二人を取り巻く周囲に、これまで多大な迷惑をかけたことを謝罪しつつ、今更ですが、このある種のカオスを私は受け入れることにしました。
まるで蜃気楼のように、でも確かに存在した二人。私という二人の証がここに立ち、
また二人の遺伝子は次の時代へと流転していく……。
この自然の摂理に包まれたカオスも、なかなか面白いものです！
79年という永い間、父がほんとうにお世話になりました。
最後は、彼らしく送りたいと思います。

Fuckin' Yuya Uchida,
don't rest in peace,
just Rock 'n' Roll!!!

樹木希林

きききりん／1943年東京生まれ。俳優。文学座を経て、「寺内貫太郎一家」などの個性的な演技でテレビドラマ黄金期を支える。73年に内田裕也と結婚、76年に也哉子を出産。裕也とは同居3ヶ月の後、別居45年。CM、テレビ、映画に幅広く出演。2007年と13年の日本アカデミー賞最優秀主演女優賞、09年のフランス・ナント三大陸映画祭最優秀女優賞など数々の映画賞を受賞。08年に紫綬褒章、14年に旭日小綬章を受章。61歳で乳がんに罹り、70歳の時に全身がんであることを公表。18年9月15日に逝去。享年75。

内田裕也

うちだゆうや／1939年兵庫生まれ。ロックミュージシャン。66年のビートルズ来日公演でのオープニングアクト、バンドのプロデュース、海外アーティストの招聘、ロックフェス開催など日本のロックシーンに尽力。俳優としても活動し、自らプロデュース、脚本、主演を務めた映画『コミック雑誌なんかいらない！』（86年）は毎日映画コンクール脚本賞、キネマ旬報主演男優賞などを受賞し、カンヌ映画祭監督週間に招待された。「Rock 'n' Roll!」の口癖が広く親しまれた。2019年3月17日に逝去。享年79。

心と体にぽっかりとできた空白は、目を凝らすと、まるで台風のようにとてつもなく激しい雨風が吹き荒《すさ》んでいた。今まであって然りだった存在が、突然消えると、遺された者の心の内はこういう状態になるのか。

「空《くう》」は、虚しさであり、混乱であり、放心状態であり、ブラックホールであり、虚空であり、更地であり、どこか卸したてのノートのまっさらな頁のようでもある。

やがて、この喪失という名の空っぽを満たす旅に、一歩踏み出すことにした。人生の核心的登場人物を失った私は、ありとあらゆる生業の、それぞれまったく異なる心模様を持った人間に出会いたい、と切望した。強風に薙ぎ倒された道しるべを頼りに、時に寄り道しつつ、行方知らずの放浪の旅に出たのだ。

42歳、命の折り返し地点に立った私は、気づけば台風の目のような静寂に包まれていた。

空《むな》しきタイフーン。

これが BLANK PAGE のはじまり。

谷川俊太郎

a poet is a son

2019年5月　谷川邸にて

し

チチはいつもかみきれになにかかいている
うちのテーブルでかくこともあるし
そとでコーヒーのみながらかくこともあるらしい
チチがかいているのは詩です
きげんがいいとよんでくれるけれど
おもしろいのもあるしわからないのもある

こどものことばでおとなのこころをかく

とチチはいっている
こどものことばにはおとなにくらべて
うそがすくないからだという

チチのしはおかねになりません
おかねはかんごしのハハがかせいでいる
でもチチはきにしないで
しはおかねよりたいせつだという

ほんとにそうかどうかぼくにはわからない

「これは私の中に今もひそんでいる子どもの言葉をかりて、老人の私が書いた大人の詩集です」という、87歳の詩人・谷川俊太郎氏の詩集『バウムクーヘン』からの一編だ。

おもちゃもほとんど与えられずに育った私にとって、絵本の物語の中に入って空想するというアソビは必要不可欠だった。大切にしてきた『ジョゼット　かべを　あけて　みみで　あるく』というイヨネスコ作、谷川氏翻訳の絵本が、私の人生にどれほどの影響を与えたかは計り知れない。あの時の出会いが、私のコトバ、美しいと思う音色、心がぞわぞわするものの原点となった。英語環境を中心に育った私が、日本語というとんでもなくふくよかな言語の泉に、子どものくせに官能をおぼえたのだ。きっと、初めて『出会ってしまった』という心の震動は、永遠に人生に響き渡るのかもしれない。大人になる道すがら、『二十億光年の孤独』、『夜中に台所でぼくはきみに話しかけたかった』、『わらべうた』、『みみをすます』……そして、大人になってからも『夜のミッキー・マウス』、『すき』、『トロムソコラージュ』など、谷川さんの言葉は、私の中で鳴り止まない。

「人は変わりつづけると思う反面、基本的に芯のところは変わらないな、とも思うんです。僕の中でも、初めて書いた詩集の『二十億光年の孤独』っていうのは、今でも自分の中にあるという感じがしますね」

ある日の昼下がりにお邪魔したご自宅の居間で、谷川さんは言い放った。背景には、春の訪れを感じるおおらかな庭。自ら淹《い》れて下さったお茶を頂きながら、テーブル越しに向き合うふたり。「私は今、言の葉の神様をひとりじめしてる」という畏敬と至福を噛みしめている自分を俯瞰しては、ひとつ身震いをした。これが何回目かの面会だというのに、その神々しさに慣れることは決してないのだ。

ふと、テーブルの上に、小さな車の模型が置いてあるのに気づく。よく見ると、それはシトロエン社の2CVだった。

「それは、僕が貯金はたいて初めて買った車なの。あなたのお母さんもそれを7台も乗り継いだくらい好きだったんでしょう？」

青年・俊太郎氏が誇らしげに2CVの横に立つモノクロ写真を手渡された。裏を見ると、「1957年　初恋の車」と書かれていた。瞼を閉じれば、すぐにでも、母の車の匂いと手触りが甦る。

「子どもの頃、母親が死んだらどうしよう、と本気で思っていたんです。でも、実際に死んだら、なんとも思わなかった」

谷川さんは、こんな衝撃的なことをさらっと言う。まるで、昆虫好きの少年が、捕えたばかりの虫の詳細を淡々と語るように。

「あんなに母親と密着していたのに、最初の恋愛を経験したら、母のことはどうでもよくなってしまった。要するに、女性とは一対一の関係を持ちたい、ひとりの女性がいればいいと思う節があって。僕、どうかしてるとは思うんですけどね……」

そのある種の冷たさに引きつつも、はたと、自分にもどこか身に覚えがある、とはっとする。初恋をしたときに、それまで頻繁にあった母親との抱擁に違和感を覚え、以来、よほどでない限りスキンシップは無くなった。母と私は同性であり、さらには親子愛と恋愛は別なはずなのに、と当時は自分の生理反応に戸惑っていた。

「谷川さんも、私も一人っ子特有の感覚ってあるんですかね?」

という質問とも感想ともつかない言葉を発する私に、

「正直、70代くらいまで、人間に興味がなかった。それまで、とにかくひとりが好きだったから。でも不思議と、年とってようやく友だちの大切さがわかってきた気がする。少しは真人間になれてきたのかな」

ふたり

おまえと　いる
だまってすわっている
いつまでこうしていられるか
なにもせずにいられるか
ふたりで　だまって
まちのざわめきをききながら
あしたのことはかんがえずに
コーヒーのんで　いる

おまえにいうことは　ない
でもおまえといま　いる
きもちはしずかだ
おまえがいきているのを

おれもいきているのを　かんじる
ふたりじゃなく　おれと　おまえ
ひとりと　ひとり
うまれて　しぬまで

谷川さんのお父さんは、言わずもがな日本史に残る哲学者の谷川徹三だ。その父との関係を「君子の交わりは淡きこと水の如し」だったと、息子自ら言う。自分本位で、息子に冷たかったけど、ほうっておいてくれたお陰で、かえって気楽だったと。小学校までは優等生だった谷川少年は、終戦後、自我が芽生えると、中学校の授業がいっぺんにつまらなくなってしまった。時には教師からの体罰が嫌で、教室の窓から飛び出したこともあった。高校は担任の勧めで夜間部へ移り卒業、大学受験を目前に、はなから行く気はなかったが、父が法政大学総長だったこともあり、〝あんまり申し訳ないから〟東大だけは受験した。しかし試験開始早々に、解答用紙を出して退室。「あいつは天才なんじゃないか」と生徒間で噂が立ったが、真相は白い紙に名前を書いただけの、なんだか前衛芸術のような一度きりのお受験だった。

「これから、どうすんだ？」

父親に問われた谷川青年は、そのころ書きためていた詩のノートを差し出した。それを父が詩人の三好達治に見せ、その紹介で雑誌『文學界』に詩が発表される。当時、弱冠18歳だった。

「父はモテた人で、結婚してからも、外に女性がいましたね」

それでも父は、母が病で植物状態になると、亡くなるまでの4年と7ヶ月の間、毎日のように病室に会いに行っていた。

「話もできないのに……」

そして、徹三氏が妻を想い綴った詩を見せてくれた。

きのふも　今日も　あしたも
いつもきこゑてゐる　あなたの声
あなたの影は見えなくても

私はその声をきく
胸にいだき　心にかくし
喜の時にも　悲しみの時にも
あなたの声をきく

母の逝去後、父は94歳まで生きて大往生だったという。あるパーティ出席後の翌朝、父は眠るようにベッドで亡くなっていた。

「僕は母親には充分に接してきたという思いがある。でも、どこかで、父親がちゃんとしてくれなかったから、代わりに僕がやったという感覚があって」

母のことは、父が責任を持つのが自然と思っていたのだ。

「もっと父に優しくしてやればよかった」

90過ぎた父とふたりでヨーロッパを旅した時のことを振り返り、谷川さんはほんの少し哀しい目をした。

チチのこいびと

うちのチチにはこいびとがいます
わたしにはわかります
ハハにはないしょです

わるいことをしてますが
チチはあくにんではない
こいびとのひともきっと
わるいとおもいながら
チチをすきになってしまったのです

わたしはハハとふたりで
せんたくものをほしています
チチのこいびとはひとりで
なにをしているのかな
おひさまはあたたかいけど
わたしのこころはすこし
ひんやりしています

「死というものがないと、生きることは完結しないんです。僕は死んだあとが楽しみ」

谷川さんは、とても清々しくそんなことを言う。若い頃から、生と死は反対語ではないと信じ、「死」についての「詩」も多く書いてきた。そして、たとえ身体は死んでも、魂は残ると。アタマではとらえず、自然が神だとハダで感じる。

「とはいえ、もちろん僕だって、死んだことないから、なにもわかりませんよ。ただ、そんな気がするというだけ。昨日なんて、ある禅の修行をする人に〝あの～、悟ってるんですか？〟なんて聞いてみたら、答えはそんな一か八かじゃなく、徐々に考え方が変わってくるのが悟りだと言われたんです」

と、谷川さんははにかんだ。

歳をとると無理せずとも、自然と調和してきたという。ごはんも一日一食で充分だし、朝も日の出の頃には目がさめる。そして、少しずつ身体が前より動かなくなってきても、その不自由さから教わることが案外とあり、それまで気にも留めてこなかった「健康じゃない人」に対する、想いがすうっと生まれたりする。それに、体が不自由でも、心が健やかでいることもできる。目の手術もしているから、字を読むのが億劫《おっくう》だけど、だからこそ「せっかく読むのなら」と、自分に合うものを嗅ぎわける能力もついてくる。自然と身体に素直に従っていると、わりと健康でいられる気がすると言う。

せつな

テーブルのうえにあったいちまいのかみ
へやのドアをあけたらふわりとゆかへ
くうきにささえられながら
みぎひだりにすべるようにゆれておちてゆく

そんなどうでもいいできごとがすき
なんでなのかわからない
おちるまでのみじかいじかんを
〈せつな〉というんだとセンセイがおしえてくれた

いをつけたら〈せつない〉じゃないか
すぐにすぎさってしまうから　いまはせつない
れきしのほんがとりおとすせつなを

わたしはとりあえずいきていいます

「僕、お墓の中に両親がいるって実感がないんですよね。もちろん、遺骨は埋まっているんだけど。むしろ、ほら、こういうの見てる方が、よっぽど、存在を感じるから」

谷川さんは、ほがらかな表情をまとったご両親の写真を指差した。両親が暮らしていた家に住み、彼らが使っていた物たちに囲まれて暮らす谷川さんには、もしかしたら、死者と生者の境界線がないのかもしれない。「普遍化したチチとハハ」と共に日常を生きる谷川さんは、まさに自然と一体化していると言っても過言ではない。でも、特筆すべきは、そこにはベタベタした断ち切れない想いなど微塵《みじん》もないということ。「デタッチメント」という、ひとが人物、事柄、価値観などへの愛着から解き放たれ、それによって高い視点を獲得するという概念を、彼は明らかに内包しているのだ。そして、それは彼の掲げた哲学というよりは、「風通しがいい」と思う方へ歩いて行ったら、自然と足跡が「道」になっていたというくらいの感覚なのだ。

「これから、あなたはどんなことをしていきたいの？」

目の前の神様から、究極の問いかけが渡された。私は絶句したあと、自分の心に虫眼鏡をかざす。

「今まではどちらかというと、子ども三人を育てたり、自分と家族のファウンデーションを築いたり、守ったりすることに力を注いできたけれど、もうそろそろというか、ようやくこれからは、誰か、人のために少しでもなることを具体的に模索して実践したいと……でも、それは究極の幸せに出会うことにつながるというか……自分の興味あることに導かれていって、その先に、もしも誰かに安心してもらえたり、欲を言えば喜んでもらえたりしたなら、それ以上の幸福はないと……だから『誰かのため』と言いつつ、『自分のため』なんですけどね……」

と、43歳現時点のココロを、とりとめもなく私は呟いた。

「あのね、よく大人が子どもに『大きくなったら、何になりたい？』って聞くじゃない？　で、普通はそこで、『野球選手！』とか『看護師さん！』とかの答えを期待するじゃない？　でも、僕ね、大好きな映画で『ギルバート・グレイプ』っていうのがあって、その中で忘れられないセリフがあるの。主人公の男性が、友人からの質問攻めに次々と答えていくの。

『ママには、エアロビのクラスに行ってもらいたい。妹には、もうちょっとオトナになってほしい。弟には、新しい脳をあげたい』

そして、最後に、

『あなたは、あなた自身は何を求めてるの？』って聞かれると、

『I want to be a good person. 僕は良い人間になりたい』

って、言うの。なんか、それを思い出したな……。それには、きっと、おおきな視野で、ちいさなことをする、ってことなんだろうな……」

谷川さんが、そう夢中で話し終えると、私は必死に涙をこらえた。

谷川さんは、「言葉は、土壌だ」と言った。詩を書くとき、土壌から養分や水分を吸い上げて、花を咲かせたり、葉が繁ったりする。土の中には、もちろん、寄生虫やばい菌もいて、そういういろんなものが混ざって、一編の詩が完成すると。

「今日は、也哉子さんひとりで来てくれてうれしかった。対談となると、総勢15人でやってくる女優さんや、20人引き連れてくるアーティストがいるからね。なんか、ようやく同族のひとが現れたってかんじ」
と、谷川さんがいたずらっぽく笑ってくれた。

まいにち

いつのまにか
きのうがどこかへいってしまって
きょうがやってきたけど
どこからきたのかわからない
きょうはいつまでここにいるのか
またねてるあいだにいってしまって
まっててもかえってこないのか

カレンダーにはまいにちが
すうじになってならんでるけれど
まいにちはまいにちおなじじゃない
ハハがしんでチチがひとりでないていたひ
そのひはどこへもいっていない
いつまでもきょうだ
あすがきてもあさってがきても

谷川俊太郎氏の詩はすべて『バウムクーヘン』(2018年、ナナロク社)、谷川徹三作の詩は若い頃にのちに妻となる多喜子に贈った手書き・手製の詩集より。

たにかわしゅんたろう/1931年東京生まれ。詩人。52年に第一詩集『二十億光年の孤独』を刊行。以後、詩、絵本、翻訳と幅広く活躍。62年日本レコード大賞作詞賞、75年日本翻訳文化賞、83年読売文学賞、93年萩原朔太郎賞、2010年鮎川信夫賞など受賞多数。近著に詩集『虚空へ』がある。

母系

味方だと思いこんでいた母のうちに
娘はかすかな敵の気配を嗅いだ
母は今でも父が気に入ってるのか
庭に夾竹桃《きょうちくとう》の花が咲いていた

時々母は思う　私の本当の人生は
いつから始まったのだろう
恋したと信じこんだあの日から
それとも我が身にあの子を宿してから？
エントロピーという言葉を
カルチャースクールで知ってから
咲き誇る花が憎らしくなくなった
明日より今日が大事になって……

人間である前に生きものだよと
祖父がポソッと言ったのを覚えている
戸籍に記された自分の苗字と名前を
これが私かとじっと見つめたこともあった

母は子守唄だけは忘れなかった
今では私が母に歌っている
今夜は月が眩しい
娘からのチャットはほろ酔い機嫌

この詩は、対話のあとに谷川氏が書き下ろした新作です。

I want to be
a good person.

小泉今日子

the day after tomorrow

2019年10月　樹木希林邸にて

小泉今日子です。

私事ではございますが、50歳を迎えました。

あっという間の50年、半世紀も生きてしまいました。残された時間の中で何が出来るのか？　これが今の人生テーマになっております。少なくてもあと10年はアクティブに攻めの姿勢で生きたいものです。

そこで、『明後日《あさって》』というプロジェクトを立ち上げました。遠い未来ではなく、明後日くらいの未来を目指して、仲間たちと一緒に何が出来るか模索していきます。舞台、映像、音楽、出版、ジャンルに捉われず、私達らしい企画を考えていきたいと思っています。

生まれたての未熟なプロジェクトですが、どうかお見知りおき下さいませ。

平成二十七年二月四日

今日子さんは、いつからか、誕生日は毎年ひとりで過ごすと決めている。そんな静かな、自分の呼吸音さえも聴こえてしまいそうな50歳の誕生日に、彼女はこんな一筋の志を立てたのだ。１５０センチという小柄な体に、目一杯の希望と闘志を漲《みなぎ》らせて。

「ゲーノーカイ」という、他のどの世界とも似て非なる不思議な処に今日子さんは40年近くも生きてきた。彼女とデビュー同期の夫（本木雅弘）と私が結婚間もない頃に、夫にパリで紹介されたのが初めての出会いだった。それ以来、まだ数えるほどしか会ったことがなく、ましてや、二人きりでお話しするのも初めてのこと。今回、一対一の対談を申し込むと、「当日はすっきりと一人の人間として也哉子さんの前に座ってみたいと思っています」と、身に余る快諾のお返事を下さった。そして、去年、お通夜に来て下さった母の家で会う約束をした。何故だか、それが私たちの密会にしっくりくる場所だった。

「いつも、あとから来る人達が、歩きやすい道をつくれたらいいな、と思ってて」

自分ひとりでさえ歩くのが精一杯の道を、突き出た枝を取り除いたり、つまずきそうな石をどけてみたり、落っこちそうな穴を埋めてみたり……今日子さんは、誰よりも先に険しい道に突き進みながらも、気付かれないうちにさり気なく道を整え、足裏で地面の感覚を捕らえながらズンズン歩いてきた。

そして、また背筋をしゃんと伸ばしなおして、片手の指に収まるだけの仲間達と共に、新しい創造のプラットフォームを築いたのだ。動機は至ってシンプル。才能豊かな人達の活躍できる、多種多様な表現の場をつくりたい、ということ。それまで自分が出会ってきた、素晴らしい脚本を書いたり、演技をしたり、ものづくりをする人々が、それだけでは食べていけない現実を目の当たりにし、そのもどかしさに長年、心揺れていた今日子さん。

「もともと私自身は、夢はなくって。だから、夢を叶えようとする才能ある人達のお手伝いをしたいというか。そういうところから新しい発想が生まれてくる感じで」

こんなにも表舞台のセンターにいた人が、実は根っからのプロデューサー気質だったということに驚く。2019年いっぱい、女優業を休み、「明後日」の代表取締役として、社員と共に成長するべく毎日、会社へ出勤し、舞台の企画、公演（もちろん、資金集めや会場探しも）をこなし、映画の制作にも参加した。本人曰くプロデューサーという名の雑用係。ロケ地の和歌山県では、毎日、役者達を撮影現場まで送迎運転し、その合間に自分の休業前から約束していた仕事を東京で全うし、実質的に毎朝5時起きの休み無き3週間を過ごしてもなお、「生きてる実感があって、愉しんでる」と、清々しい顔して言うのだ。彼女の凄みは、やりたいことがあるなら、まずは四の五の言わず自らが率先して実際に動いてみるところ。口で言うのは容易《たやす》いけれど、行動するその背中には、間違いなく人は信頼を寄せ、付いてくるはず。彼女の本気度は、生半可じゃないのだから。

２０１７年に出版された対談集『小泉放談』（宝島社文庫）という本の中で、樹木希林が語った一節を紹介する。

〈……小泉さんっておもしろいと思う。どこへ行っても、誰とやってもスタンスが変わらないというところが、何か、覚悟が決まっている感じがして。

……それがいちばん表れるのは、人を見て態度を変えないかどうかなの。浮き沈みの激しいこの芸能界で、人の立場とか人の状況で自分の損得を考えないということって、実は大事なこと。それはたぶん、資質なのよね。あなたはきっと、小さい頃から覚悟が決まっていた人。そういう感じは、不思議と表れるのよ。佇まいになって。……夢や憧れでこの世界に入るのも、それはそれで幸せなことだと思うけど、持続するかどうかはわからない。やっぱり、浮き上がる前から自分の中に、ちょっと過酷な覚悟みたいなものがある人には、魅力があるのよ。そして、そういう人って、なぜか過剰な上昇志向を持っていなくて、逆に独特のゆとりみたいなものがあるの。〉

「若い頃から、感情の処理をする癖がついていたのかもしれない。裏と表、ウソとホントを持ち続けるのってキツいから、極力、自分の中から嘘を減らそうと、ひとつずつ精査してきた気がする」

まさに晒《さら》される身特有の呪縛《じゅばく》というのか、はたまた、生まれつき自分の在り方を裁き続ける性分なのか。そして、それを裁くのは外でもない自分自身だからこそ、他人に裁かれるよりも、よほど過酷な作業なのだ。

今日子さんは三人姉妹の末っ子で、姉達が言うこと為すことジッと見て、推し測り、口数控えめな少女だった。父親はTBSの社員を経て、当時流行したカセットテープを作る会社を経営。顔が似ているのもさることながら、どちらかと言えば、笑いのツボや馬が合うのは父だった。母親は14歳で親戚の置屋の家に養女に出され、結婚するまでは芸妓として自ら家計を支えた人だった。センス抜群の憧れの母で、小学校の授業参観には、ミニ丈のワンピースとショートウィッグで現れ、

「小泉んちの母ちゃん、色っぺーなぁー!!!」

などと、同級生の男子達に言われることしばしば。毎日、喫茶店で細いタバコとコーヒーを飲み、インベーダーゲーム（名古屋撃ち）も、漫画も教えてくれたのは、母だった。

80年代初め頃は、テレビのオーディション番組の全盛期で、芸能界入りは中学の同級生が「キョンキョンも送れば?」（当時、すでにこのあだ名!）とハガキを一枚くれたことに始まる。友達同様、アイドルというものには月並みの興味があった程度だが、あれよあれよと言う間に、一次、二次選考を通過し、結局は番組名の通りスター

が誕生してしまったというわけだ。当日は珍しく、オーディション会場のテレビ局まで付き添ってくれた姉（実は、郷ひろみが同じ局にいるかもしれないという一抹の期待を胸に付いてきた姉）が、何百人もの少女達の中、のびてしまうほど待たされた挙句、「郷ひろみなんて居やしない！」という厳しい現実に痺れを切らし、妹を置いて先に帰ってしまった。そんな中、自分も早く帰りたい気持ちと不安が相まって、「こんな状況になったのも、このオジサン達（審査員ら）の所為《せい》だ！」と若気の至りで無性に腹が立ち、審査の順番が来ると……。

審査員A　「君は、歌いたい気持ちはあるのかな？」
キョンキョン　「いや、別に歌手になりたいって訳じゃないです」
審査員B　「カレシとか、いるのかな？」
キョンキョン　「はい。ボーイフレンド、います」

　こんな見事やる気ゼロの回答をした14歳の少女が、後にアイドルのパイオニアになり、自らその肩書きの看板を小気味好く打ち壊してゆくなんて、オ、オ、オジサン達のアイドル目利き度も大したものではないか！

家族は反対こそしなかったが、応援も舞い上がる様子もなかったという。では果たして何が彼女を突き動かしたかといえば、純粋に一人前に働いて稼ぎたかったのだ。当時、父の会社が倒産し、ある日、母に「とりあえず、学校と身の回りのものをまとめなさい」と、夜逃げ同然で8畳・風呂無しアパートに連れてこられた。けれども、その時の当人の心情は「私の身にもドラマは起こるんだ」と、悲愴感とはかけ離れた、どこか初体験を面白がっているような感覚だった。ただ、当然、渦中のオトナ達はそうもいかず、それを機に両親は離婚し、一家離散状態に。すでに、上の姉は社会人で、下の姉は高校生でバイトができたので、中学生の自分だけが家計の足しにならなかったことがやるせなかった。故に、アイドルという職を手に入れた時の達成感は相当なものだったのだ。

「あの頃は、いい大人がいっぱい居たから。私なんか、曲の振りも覚えないし、歌も下手で才能ないから、逆に誰と何をすればもっと面白くなるかということを常に考えてた」

どうやら、レコード会社やその周辺の人達が、今日子さんの発想力やプロデュース力に目を付けて、それらを実現するべく様々な分野のクリエイターらを紹介し、そこから斬新なアイディアが止めどなく溢れ出て、あとは「キョンキョンの軌跡」を見れば野暮な説明は不要であろう。そうして、アイドルから女優に必然と移行し、文筆活動さえ幾多もこなし、その都度、自分の身の丈に合った表現の場を広げたり、集中したりしてきたのだ。それこそ強運という言葉では到底片付かない、自らのものづくりの火種が歴と存在し、すべてを今日まで引き合わせ続けたのは彼女自身。その意味でも、彼女の本質はずっと変わらない。1ミリも。

ある男と女が出逢った。男は、大きな夢を背に担ぎ、女は、その夢を叶える力になりたいと思った。やがて、ふたりは夢と等しく、互いをかけがえのない存在として、想い合うことに……。

ここまでは、何ひとつ咎《とが》められることはない男と女の物語。ところが、ひとたび、その男に伴侶と子が在るとなれば、事態は一変する。そもそも他人がとやかく言うものではない。けれども、こと現代社会において、人間の道義的営み上、掟破りの烙印を押されてしまっても仕方がないのも事実。
「自分の罪は、自分で背負っていきます」
テレビ画面の中で女は静かに、確かに、呟いていた。

では、その罪をどう償うのが道理なのか。直ちに互いが身を引けば、すべて水に流せることなのか。むしろ、誰かの心に残してしまった傷など、元通りにできる筈もない。そして、そのことを、痛いほど理解しているのも彼女自身。

男と女は惹かれ合う。そう、理屈抜きで人は惹かれ合う。しかし、理性を措いて結び合うのを善しとしないのも人間だ。ではたとえば、性に対して今より大らかだった江戸時代はカオスでしかなかったのか。キリスト教を含む近代西洋文明が日本に植え込まれ、一夫一婦制が深層的にも定着したのは、人類の永い歴史上から見れば、ほんの僅かなひと時かもしれない。遺伝子の所為にするのも筋違いだが、悲しい哉、人は道理外に、好きになってはいけない人を好きになることもあるのだ。

「このことで、周りには何ひとつ良いことはなかった。人を深く傷付けてしまったのだから……」

そのことを批判も正当化もするつもりはない。むしろ、私自身は、父親の自由な恋愛道における、精神的な苦痛というとばっちりを受けて育った子どもの立場である。平気を装っているが、相当、幼心にこたえたこともあったし、今だって自分のトラウマの一部として傷痕を確かめることはできる。ただ、不思議なことに、父親に対して生前も、亡き後も、責める気も、恋人らを恨む気も起きないのだ。ただ、自分も含めた人間の在りように、そこはかとない空しさが押し寄せてくることはある。きっと、それは「一家団欒」という幸せの図においても、ふと感じる「孤独」にも似て、いつまでも埋まることはない堂々巡りなのかもしれない。

この人にしかわからない、この人でしかできない罪の背負い方。それを知った時に、彼女の本当の「過酷な覚悟」を見た。外でもなく、自らが自分自身を裁き、傷つけてしまった人達にどう償うのか。また、出逢ってしまった人とこの先、どう初心であるものづくりという夢を追いかけていくのか。果てのない険しい道のりであることを知りながら、彼女はどこかひとりぼっちで前を向き、歩いている。

いつもそんなに自分に厳しく、感情の始末をし続けて、辛くなったり、弱音を吐くことはないのか、という私の問いかけに、

「誰かに愚痴を言っても気持ち悪いだけだから……自分ひとりで部屋の掃除とかしながら、『ああ、死にたい』『ああ、自分、死ねばいいのに』『はあぁ、でもそういう訳にいかないから、会社行くか！』って、こんな悪い独りごと言って、ほんと馬鹿みたいでしょう？」

と、自嘲を交じえて笑った。

「7歳の少女にも、70歳のおじいちゃんにもなれるのが舞台だから、とても、自由で……」

2020年の幕開けから、彼女は再び女優として舞台に立つ。もはや、その2年後まで、スケジュールは埋まっている。元来、白黒つかない、人間の如何ともし難い心

模様を映し出すのが、演者だとすれば、どのように晒し、どのように仮面をつけて、
そこに立つのか。

強靱で、儚い人。
ここに在る、今日の子。

こいずみきょうこ／1966年神奈川生まれ。俳優、歌手。82年のデビュー以降、「あなたに会えてよかった」など多くのヒット曲をリリース。俳優として数多くのドラマや映画に出演。執筆家として著書も多数。2015年、制作会社「明後日」を設立し、舞台、音楽、映画などプロデュース業も手がける。

中野信子

deeper

2020年2月　カフェにて

内田　３週間前（２０２０年１月）の雑誌のトークイベントぶりですね。またすぐに会えてうれしいです。初めて中野さんとお話しできたのに、帰り道は「話し足りなかった」という気持ちで。

中野　あっという間に終演時間でしたね。

内田　今日は編集者の同席もなく、ひとり対ひとりでお話をお伺いします。中野さんをテレビで見ない日はないし、本を書いたりする時間も多いと思いますが、お休みの日は何をしていますか。

中野　スキューバダイビング。

内田　えっ、意外。

中野　６年前に沖縄で初めて体験ダイビングというものをしたんだけど、今では休みが３日あれば行ってしまう。たとえば、メキシコのカンクンなんて誰もが行きたくなると思う。セノーテという地下の洞窟に石灰岩でろ過された水が溜まっているから透明で１００メートル先まで見える。ほら、下のほうに見えるのは硫化水素の層です（スマホの写真を見せる）。

内田　なんて幻想的。

中野　沖縄の海もきれいで、私がよく行くのは宮古島。

内田　実は、埼玉でお米を育てている本木の父も唯一の趣味がスキューバダイビングなんですよ。お米が心配で何日も家を空けるわけにはいかないから、行くのはいつも

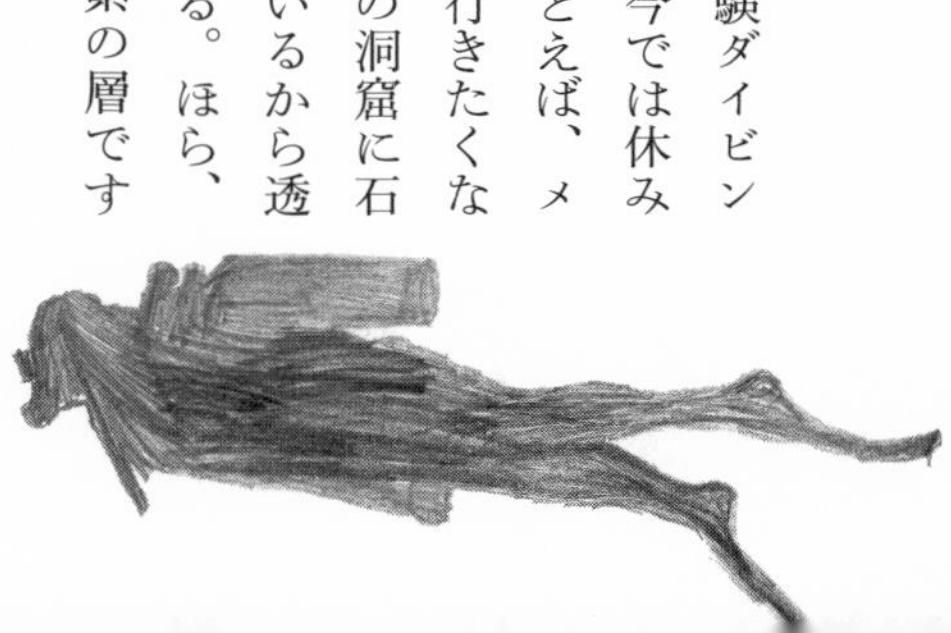

石垣島。80歳を過ぎているけど、いつも家族も連れずに独りで出かけていく。

中野　石垣島の海で見られるのはマンタ。そして泡を出す植物。光合成して酸素を出す、そのシュワ～ッていう泡がすごくきれい。

内田　中野さん、生き物も好き？

中野　特に捕食しているシーンとか、好きです。

内田　ほ、捕食？

中野　エビがヒトデを食べてます、とか、イソギンチャクがクラゲを食べてます、とか。

内田　……。

中野　ああ、生きてるってこういうことだねと思うので。

内田　なるほど。ダイビングはダンナさんもご一緒に？

中野　ダンナさんとは一度、一緒に行ったけど彼が鼻血出ちゃって。

内田　あらら。それでは潜れない。

中野　でも私には一人になる時間も絶対に必要なので、一人で海に行って、ちょっと元気になって帰ってくる感じです。

内田　中野さんは小さい頃に疎外感を抱いていて、その原因は脳にあるのではないかと思ったんですよね。

中野　疎外感のいちばん古い記憶は5歳かな。幼稚園で周りに「変だよ」と言われて、何で変だと言われるのかわからず、ずっと浮いていたのを覚えている。

内田　頭の回転が早過ぎて浮いていたんじゃないですか？

中野　そんなものなのかなあ？　小学校まではそう見られていたかもしれない。中学校では先生に職員室に呼ばれ、「もっとテレビを見たほうがいいですよ」と言われた。もっと一般的な感覚を身につけろということだったんだと思う。

内田　私は1歳半からインターナショナルスクールで、みんな肌の色も違って、家のご飯も違って、匂いも違って、テレビを見ている人もいれば見ていない人もいるという、違うのが当たり前というところから出発している。でも小学6年生で区立の小学校に転入したとき、みんなが一緒で、毛色が違う人は孤立するという空気に戸惑った。

中野　たとえば、学校ではよく団結しようと言うでしょ。私はなぜ団結しなければいけないんだろうと思っていて、みんなと団結できない私は、どんなに成績がよくても落伍者だった。そういう評価をみんなが醸し出すんです。

内田　それは子どもにはきつかったでしょう。

中野　きつかった。しかもうちの場合、親に相談しても「あなたが悪い」ということになる。というのも、両親は信仰熱心な性《た》質《ち》だったので、いわば個人の意思よりも団結や結束を大切にする側の人たちなんです。人柄はいい人たち。でも、私は結束を求められるのは苦手だった。

中学校に進学する際、自分がすでに浮いていて落伍者になってしまうことが容易に想像される公立の中学か、親が勧める団結や結束をことのほか重視する中高一貫の私立校に特待生として入るかという究極の選択を迫られることになり……。

内田　どちらを選んだの？

中野　その私立中・高校は成績がよければ東大に合格できるぐらいの教育水準ではあるので、覚悟を決めて私立中に進んだの。ただ、生徒たちはみんな純粋で、いい子ばかりだった。

内田　友だちはできた？

中野　今でも付き合いが続いている人は本当にわずかかな。

内田　私、学生時代の友だちで今でもひんぱんに会う人はほとんどいない。なんだか敬遠されているのかも。

中野　どうして？

内田　早く結婚して行動パターンが変化したからだと思う。寂しいもんですよ（笑）。

中野　そうか、当時、19歳で結婚するなんてどんな感じなんだろうと思った。

内田　中野さんと私は同学年ですものね。

中野　本木雅弘さんが「内田也哉子さんと結婚することにしました」と、すごく神妙な顔で会見されていた映像を覚えてますよ。

内田　訳もわからず結婚しちゃったんだけど、もうすぐ銀婚式。

中野　40代で銀婚式か〜。

内田　結婚するまで生きてきた時間よりダンナさんといるほうが長いから、なんか空気のような、でもまだ得体が知れない人でもある。

中野　私、内田裕也さんのご葬儀の也哉子さんのご挨拶にあった「Don't rest in peace!(安らかに眠るな)」が深く胸に刺さったの。

内田　お恥ずかしい。

中野　父親って、子どもの私にとってはただひたすら怖くて、どう扱っていいかわからない存在だった。父と母は仲が悪く、物心ついたときには家には会話がなかった。「おはよう」の挨拶もない。友だちの家に遊びにいくとご両親がしゃべっているのでビックリして、これが普通なのかと、すごいショックだった。

内田　それは切ないなぁ。うちの両親は結婚当初、連日ケンカで流血騒ぎになっていたそうで。私が生まれたときには既に別居していて、でも永遠に離婚しない。そんな両親の関係が嫌で嫌で、別れたほうがみんなが平和になるのにと思ってた。

でも、比べるなんて不謹慎だけど、同じ家にいても一切会話をしない両親と、会えばときどき血が流れる両親と、究極的にどちらか選ぶようにと差し出されたら、ケンカするほうを選ぶって思ってしまった。両親のケンカが絶えなかったのは、実はそれほどお互いが放ってはおけない存在だったということなのかな。

中野　私もケンカするほうを選ぶ。うちの親は同じ家に暮らしているのに、お互いに見えてないみたいに振る舞っていた。

内田　お二人ともきっと、その空気の重さはひしひしと感じられていたのでしょうね。

中野　先日のトークイベントで、AVP（アルギニン・バソプレッシン）の受容体に関連する不倫／離婚遺伝子の話をしましたね。DNAレベルでいうと塩基がたった1文字違うだけで、みんなを浅く広く大事にするか、一人を大事にするかという違いがあるという……。

内田　父はおそらくAVPを持っている、たくさんの人を愛するタイプ。

中野　うちの場合は母のほうがたくさんの人を愛するタイプだったんじゃないかなと。惚れっぽくて（笑）。結局、私が高校3年生のときに帰ってこなくなった。

内田　刺激的。女性の気が多いということは、日本社会ではなかなか認められないのかな。

中野　『源氏物語』にはそういうキャラの女性たちが登場して物語を盛り上げるのにね。朧月夜の君は浮気性だし、源典侍《げんのないしのすけ》はおばあさんだけどすごくお盛んなタイプだし。

内田　現代になるにつれて貞操観念の刷り込みが激しくなったのね。

中野　たぶんね。明治維新後に欧米に追いつこうという気運が高まったときに、貞操観念も欧米に合わせようとしたのだと思う。そのときに現在の倫理観が形作られたのであれば、たかが150年の倫理観なのね。本来、人間の性のあり方はもっと多様だったと思う。

中野　そういえば也哉子さんが希林さんの抱えるブラックホールについて書いたものを読んで、ああ、これ、すごくよくわかると思いました。
内田　母は2回結婚していて、最初の結婚は、その幸せがあまりにも息苦しくて離婚したのね。その後、生きている意味もわからない、息をするのも苦しいブラックホールに陥ってしまった。そんなときに内田裕也というカオスと出会い、母はこの人に振り回されることでブラックホールを紛らわすことができると考えた。
中野　私はとても共感したの。私のブラックホールは、生きていることそのもの。うまく言葉にはしづらいんだけど。
内田　私もいろいろ生産性を求めて日々生きてはいるものの、月に1回ぐらい、これをやっていて何になるのかって思う。母も幸せが表面的なものに思えたのかな。ケンカもない、包丁も欠けない、お皿も割れない穏やかな日常は、生命が続いていくのにいい環境でしょう。だけどそれを壊したくなるというのも、人間の脳のプログラミングに入っているのかしら。
中野　入っているのよね、これが……。「人類は平和がいいとわかっているのに、どうしてその方向に進まないのか」ということを経済学分野の先生とディスカッションしたことがあるんだけれど、そのときに、平和な状態って文明の終わりじゃないのかって思った。
内田　戦争が多いときのほうが文明が発展したということ？

中野　賛否あるけれど、現実の歴史としては、軍事技術がそうよね。
内田　そうかそうか。どうやってあいつの領地を獲ってやろうかって試行錯誤するからね。中野さんはブラックホールにどう対処したの？
中野　ブラックホールは30歳を過ぎたころ最も重いのが来て。たぶん博士号を取って、ポスドクとしてフランスの研究所に行って、やりたいことはやっちゃったと思ったときに、何のために生きているんだろうと。
内田　それってバーンアウトっていうもの？
中野　そうかもしれない。時間が余っちゃったの。90歳まで生きる時代だから、50年以上余っちゃったなって。
内田　（笑）。笑っちゃってごめんなさい。なんかあまりに次元が違うから笑うしかない。
中野　私も今思うと笑っちゃう。これから50年どうしようと思って日本に一時帰国したときに、ダンナさんに出会った。それまでにもお付き合いをした人はいたけれど、私のことを学歴等から親に見せて恥ずかしくない女として選んだのね、といぶかしく感じてしまったりして結婚を決められなくて。でもダンナさんに会ったとき、なんかこの人、今まで私の周りにいた人と違うと思った。
内田　直感的に魅了されちゃったのね。
中野　何ということもなく一緒に暮らし始めてしまい。
内田　あれ？　一時帰国だったのに？
中野　フランスで仕事が決まっていたんだ

けど、もういいやと思って、それを辞めて帰ってきちゃった。二人ともお金もないし、近所の八百屋さんで冬瓜を買ってきて、皮まで捨てないように料理したりして。

内田　なんてロマンティック。愛さえあればいい、と。

中野　1年半たって、そろそろ結婚しますかといって結婚したんだけど、相変わらず貧乏でね。

内田　ダンナさんは何をされていたの？

中野　当時は美大の非常勤講師、今は大阪芸大の准教授になったんだけど、平日はだいたい大阪にいて週末だけこちらに帰ってくる。

内田　あら、週末婚！　いつまでたっても新鮮でしょ。

中野　ケンカにならないよね。私がケンカを売ろうとして「頭悪いんじゃないのっ」と言うと、「僕が今悪いのは腰だよ」と返ってくる。

内田　（爆笑）。ダンナさんは人生の上級者だ。

内田　うちは結婚後しばらくして、離婚を考えていたの。

中野　え〜〜〜っ。どうして？

内田　私は母に言われて年に一度、父に会いに行く慣習があって、15歳のときにも会いにいくと、父が制作した映画に出演していた本木も偶然その場にいて。翌年再会する機会があり、その後、私はスイスの高校に行っていたので、エアメールのやり取りが始まって、この文通がいわば恋愛期間。

中野　きゃ〜。

内田　結婚した日に「初めまして」っていう感じだった。だから恋愛の延長の結婚生活を勝手に夢見ていたところがあって。文通では好きなことをお互い書くだけだから、いいところしか想像してない。ところが！

中野　いきなり現実がやってくる。

内田　そう。たとえば私は欧米式の中で育ったからハグとか日常的にしていたけど、ダンナさんはそういう習慣がなかったり。食べ物の好き嫌いもかなり違って驚いたし、何事も私はポジティブから、彼はネガティブから出発する違いとか。私は何でも共感したいタイプで、彼は感性が異なるところが面白いと思うタイプ。そんな些細なことも、お互いの価値観をすり合わせて真ん中を取るっていうことのフラストレーションがすごくあって、結婚とはこんなに妥協の連続なのかと思った。

二十歳そこそこの私にはあまりに難解で、残念だけど別れて楽になろうと話し合っていたら子どもを授かったことがわかった。それで、もう少し続けてみようと思い留まった。〝子ども〟という家庭内の別の存在が現れたことで、それまで互いに向かい過ぎていたエネルギーが分散されて、すごく風通しがよくなった。「子は鎹《かすがい》」を地でいく……って、なんか切ないけど（笑）。

中野　そうかな。いい話だけど。

内田　惰性で今も夫婦でいるのかもしれない。でも、その惰性がとてもしっくりくるし、今では子どもが側にいなくても、ふとした瞬間に多幸感を覚える。結婚当初の未熟さを思えば、お互いよくここまで続けてきたね、と労《ねぎら》う感じはもはや老夫婦の域かも（笑）。

中野　そういうの素敵だなあ。私、惰性というのは大事だと思っているの。「惰性で続いている」というのは収まるべきかたちに収まった、という意味でしょう。水を流すと溜まるべきところに溜まるでしょ。そういう生き方を目指すべきなのではないかと思うのね。

内田　自分の意思だけではなく。

中野　自分の意思で水を止めたり、無理のあるところに溜めようとしたりしても、あまりいいことが起きないような気がする。これがブラックホールの原因なんだと思う。押しとどめたいと思っても、押しとどめようと無理をした結果、ブラックホールができたり気づいたりしてしまうのなら、無理するのはやめようと思った。みんなが望んだかたち、みんながこれがいいと思っているものをもっとよくとらえて、それに沿ったかたちで生きようと思うようになった。

内田　そうしたら、それまで無理をしてできてしまったブラックホールが緩和されたの？

中野　そう。余った50年が虚無だと思いにくくなった。50年はボーナスなんだと思って、ちょっと明るい気持ちになった。

内田　素晴らしい気持ちの転換！

中野　私が今生きているということは誰かが必要としているから生きているんだなってどこかで思えて、それが自分を奈落から引き上げてくれる蜘蛛の糸になる。

内田　それはもしかしたらダンナさんと出会ったことかしら。

中野　確かに、それまでの私だったらブラックホールで本当に死にたくなっていたと思うんだけど、ダンナさんはそういう氷のようなものを溶かしちゃう電気毛布みたいな人で。

内田　もうちょっとかっこいい言い方しません？（笑）

中野　（笑）。ほのぼのと温かい遠赤外線とかかな？　ダンナさんから伝わってきて、氷を溶かしてくれたと思う。

内田　イメージが湧いてきた！

中野　ありがたや。私はダンナさんが3人ぐらい彼女つくってもいいと思ってるよ。

内田　でも、本当に3人ガールフレンドいたらどうする？

中野　ダメな感じの女性だったらすごく嫌だと思うんだけど。

内田　面白い女性だったら？

中野　ああ、さすがダンナさんが選ぶ人だけあるよねと思う。

内田　本当に受け入れそうで怖い（笑）。

中野　大切なのは、相手が自分にリスペクトと好意を持っていてくれると信じられることだと思う。その人がどんなに大変な人であったとしても、それさえあれば。

内田　なんだかまた、うちの両親が思い浮かんだ。

伏し目がちな人が好きだ。

まるで独り言でも呟いている傍らに、たまたま私が居合わせたような微妙な距離感で会話する人に惹かれる。ほんの時折、合わさる視線が心なしかぎこちなく、気遣いする優しさと気恥ずかしさに満ちた間合いがたまらない。その恥じらいの奥にある「もし、付いてきてもらえなくても、仕方がないですが……私はこう思うんです」という、誰かの共感を得るためだけに生きているわけじゃない、ひとりですっくと立っていられる控えめな強さにしびれてしまうのかもしれない。

お顔の造形の美しさ、落ち着いたテンポと低音の声（ご本人曰く、ぼそぼそ喋る感じ）が、「独り言」感をより際立たせてくれる。しかも、決して独りよがりではなく、一文一文、簡潔な上、例えや補足がとても解りやすく、相手への気配りが随所に散りばめられているのだ。ご専門の脳についての質問に対しても、メモ帳を取り出し、それこそ私の〝脳〟にひとつずつの項目を丁寧に染み込ませてくれる。すると、「あぁ、私も子どもの頃にこういう先生と出会ってたらなぁ……」などと切なさに駆られる。とはいえ、「素晴らしい先生」とか「頭脳明晰」という秀才レッテルに収まるような方ではないのが更なる魅力を深めるところ。中野信子さんが、美術、漫画、ヘビーメタル音楽に造詣が深いのは有名な話だが、そこにスキューバダイビングという項目も存在していたとは！　3日ほど休みが取れれば、潜りに行ってしまう彼女が、世界各地のダイブ中に撮った写真を見せながら放出するオーラは恍惚そのもの。こちらにまでドーパミン効果が伝染してくるではないか。そして、何より遊ぶ時にはとことん利己的（他人にどう映るかとは無関係）に探求する姿が健やかでならない。

「人生、50年も余ってしまった！」と血相を変えた30歳の暗黒期から、いつの間にやら彼女は利己と利他のバランスを絶妙に捉える達人へと変貌していた。もともと他者にあまり関心がなく、ひとりを好み、受容体密度が低い「回避型」だと自己分析する中野さんが、ある男性（現在の夫）と出会い、初めて人を心底信じることができたところから、人生の歯車がうまく嚙み合いはじめたという。他者との関わりを面白がりつつも、束縛や依存とはかけ離れた信頼関係を見出し、ひとりでも、他者とでも、社会にでも自分なりの安らぎの場を発見するコツを摑んだのだ。

脳の働きや傾向を知るということは、良くも悪くも、人間の質と深く向き合うことになる。たとえ、社会で生きにくい質を持っていても、それに自らが気付き、メタ認知することで、その癖のような傾向を和らげる、もしくは、活かしどころを新たに見つけられるかもしれない。

中野さんが、水の流れつくところまで身を任せ、その状況に添ってみることを選んだのは、大切なひとをちゃんと信じることができたからではないだろうか。水というのは、どんな器にも収まるけれど、形が違うからといって、本質そのものが変化してしまうわけではない。きっと、中野さんの芯は何ひとつ変わらずに、他者と心地よく共存するしなやかな強さを再発見し、以前の自分より生きやすくなることができたのだろう。

「本来、なぜ人はそういうことをするのだろうか？」という問いに、何らかのヒントや答えをもたらすのが脳科学だとすれば、何か問題を起こした人を責め立て、抹殺するというのは、この学問からは最も遠いものになる。中野さんが言うように、理想の子どもの叱り方を念頭に置き、「そんなことするあなたが嫌い」ではなく、「あなたのした、そのことが良くない」という方向性に議論を仕向けられたら、より多様な解決策を見出すチャンスとなり、問題の予備軍を食い止めることにつながるのでは、と希望がふつふつと湧いてくる。

対話を続けるほどに思い知るのは、つくづく脳というものには、人間がどう生き延びるかという最重要課題がプログラミングされているということ。そして、欲を言えば、ただ生きるのではなく、プラスα、どう自他共に快適に過ごすべく、学び、各自の性質が最も引き立てあう場所に持っていくことができるかを試行錯誤したい。だからこそ、中野さんのように脳、ひいては、人類の本質と向き合い、それを広く説いてくれる人を世の中は必要とするのだ。彼女は私に、絶望することと、希望することの大切さを等しく教えてくれた気がする。

対談の数時間後に、交換したばかりのアドレスから一通のメールが届いた。

「語らいが深くなると、スキューバに似た心地よさがあります」

ひとりになるために海に潜るという中野さんの言葉に一瞬、息を飲んだ。そして、返信を打ちながら、頭によぎる。自己と他者は、相反するものでなく、鏡に反射する自分、もしくは、水脈では歴とひとつに繋がっているのかもしれない……と。紺碧の海深く、フリソデエビに捕食されるスターフィッシュをゆらゆらと眺めている中野さんと私が見えた気がした。

なかののぶこ／１９７５年東京生まれ。脳科学者。東日本国際大学特任教授。東京大学大学院医学系研究科脳神経医学専攻博士課程修了。医学博士。２００８年から10年まで、フランス国立研究所ニューロスピンに勤務。『サイコパス』など著書多数。最新刊は『中野信子のこどもアート脳科学』。

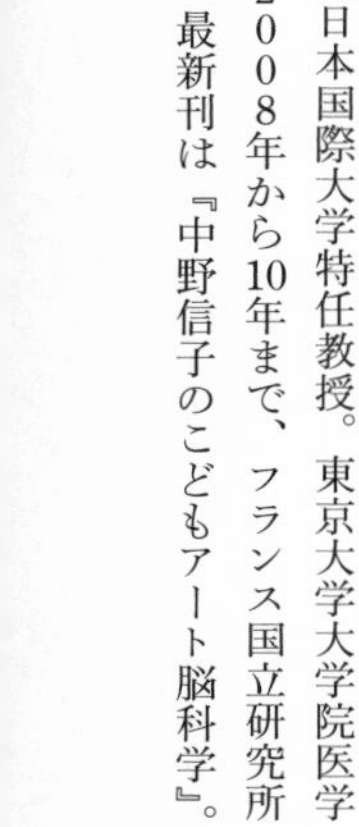

養老孟司

who's that fascinating person?

2020年4月　電話にて

内田　もしもし、内田也哉子と申します。養老先生ですか？
養老　どうも。ご無沙汰してます。
内田　ご無沙汰しております。母が生前、大変お世話になりまして。
養老　こちらこそ、希林さんにはいろんなことを教えていただいて。
内田　母の葬儀の際は、奥様が最後まで残って声をかけてくださったんです。とても有り難かったです。
養老　希林さんは好きな人だったからね。
内田　ありがとうございます。私、初めて養老先生にお会いしたときは高校生でした。あ、もう話し始めて大丈夫ですか？

養老　ちょっとお待ちください。椅子を持ってきましょう……はい、どうぞ。
内田　はい。私、44歳になりましたが、初めて家族の死というものを目の当たりにしたのが一昨年の母の死だったんです。母はずいぶん前から命の限りを宣告されていたので、遠からずそのときが来るとはわかっていました。また、母は私が幼い頃から知人が亡くなると私を連れていって「よく見なさい」と言いましたから、わりと死体というものを見てきたはずなんです。それでも目の前で動かない、言葉も発しない、息もしない、魂と呼ばれるものが抜けていったとしたならその抜け殻となった母を見て、私は正直、怖いと思ってしまった。物理的

に怖かったんです。駆けつけてくれた皆さんが母の顔を触って名前を呼んだり、泣いたり、話しかけたりするのに、それができない私は冷淡なのだなぁと。

養老　よくわかりますよ。僕は4歳のときに父親を結核で亡くしているんです。父も希林さんのように自宅で死にました。姉は泣いていたのに、そんな姉を見ながら僕はちっとも悲しくないなと、やましい気持ちになりましたよ。

内田　ああ、まさしく私もその感覚でした。

養老　それは僕が、父が死んだという事実を受け入れていなかったということなのだと思います。これはいわば防衛本能で、父が死んだと理解してしまったら自分が壊れてしまうから、父の死を受け入れることを拒絶したわけですね。こういうことは普通にあることなんですよ。

内田　40歳を過ぎた大人にもそれが起こるんですね。辛うじて私にわかったことは、母は常々「自宅で死にたい」と言っていたわけですが、その望みどおりに居間で皆が母を囲むなかで逝くことができた。死が日常にない暮らしをしていた私たちに、母はこれを見せたかったのだと腑に落ちたんです。

いちばん下の息子はそのとき8歳で、その後1年ほど不安定な様子を見せました。どうやって受け入れればいいかわからないから、彼の中で思いがぐるぐる巡らされて、いろんな形ではみ出したわけですね。

養老　それでいいんだと思います。いつかそれが解けていく。それが「受け入れる」ということでね。僕の場合は時間がかかりましたよ。臨終間際の父のベッドの脇で父の顔を見つめていたとき、頭上で「お父さんにさよならを言いなさい」と声がしたんです。大人の誰かがそう促したんですが、僕は言えなかった。そんな僕に父はニコッと笑いかけると、バッと喀血して亡くなりました。

内田　4歳の子を遺して……。

養老　それからというもの、僕は挨拶ができなくなってしまった。中学生になっても高校生になっても、家に来た客に「こんにちは」さえ言わず、後から母に怒られる。成人しても挨拶するのが苦手で、それが父の死と関係があることに気づいたのは、実に40代半ばのことですよ。通勤途中の地下鉄のホームで突然、「そうか、臨終の父に『さよなら』と言えなかったために、自分は挨拶ができなかったんだ」と気づいたんです。挨拶することを避けることで、父の死を思い出すまいとしていたのかと。そう気がついた瞬間、僕のなかで初めて父が死んだ。思わず涙が溢れました。

内田　切ないけれど、少し安堵も覚えます。

養老　あなたの場合、それまでに人の死をどんなに見てきたとしても、母親の死こそがあなたにとっての死だったんです。身近な人の死が死であって、例えば今なら「コロナによる死亡者○人」というのは死ではないんですよ。交番に表示されている「本日の交通事故による死亡者○人」というのも同じですね。

内田　リアリティのない数で、記号ですか。

養老　記号であり情報であって、〝上から目線〟で死を見ている。

内田　数を見ることによってコロナの壮絶さを実感することはできますが、亡くなった方一人ひとりのストーリーは自分のストーリーではないという意味では、本当に〝上から目線〟ですね。

養老　現代社会は〝死〟を〝数〟にすることによって、死を他人事のように遠ざけてきたんです。そのほうが楽でしょう。

内田　先生は解剖医で、何十年もの間、他人の死体と向き合うのが本職でいらっしゃいました。著書を拝読すると、解剖前には遺体に挨拶をすると決めていらっしゃる。そして解剖後に遺骨を遺族にお戻しする際には、途中でバーに立ち寄って、遺骨と一緒にお酒を飲んだ。そのスピリチュアリティはどこから生まれてきたのですか。

養老　僕は、死体と生きた人を区別したくないんです。

内田　でも、動かないし、魂はどこへ行っちゃったんだろうって思いませんか。

養老　動かない人は病院にたくさんいらっしゃいますよ。

内田　あ、そうか。

養老　さらにいえば、心臓が止まって、呼吸をしなくなって、冷たくなったら、じゃあ、それは死んでいるのか。でも実験用マウスの腸を切り出して冷蔵庫に入れておくと、翌日もちゃんと動きますよ。

内田　ええっ、そうなんですか。

養老　人には死ぬ瞬間というのがあると思っているかもしれませんが、実はそれは社会的な取り決めにすぎないんです。

内田　あぁ、死亡時刻とか。

養老　そうです。それを決めないことには死亡診断書が埋まらないから。

内田　私も死亡時刻を告げられたとき、呆然としました。「〇分」というふうに、くっきりと死の瞬間を線引きできるのだろうかと。

養老　本当はわからないんです。医者が判断する古典的な基準は、心臓が止まる、自発呼吸がなくなる、瞳孔が開く。これを三徴候といいます。例外が脳死ですね。瞳孔は開く。だけど心臓は動いているし、呼吸は人工的に続けている。だから臓器移植が可能ということになっている。この脳死という状態は死んだのか死んでいないのか、そこには言及していません。

内田　先生はどこからが「死」だと思われますか。

養老　遺体であっても、その人だとわかる間はその人。

内田　それは姿かたちがということですか。

養老　そうそう。

内田　では、速やかに火葬するのではなく、できることならずっと姿かたちを遺しておくほうが命が続く……。

養老　実際、イタリアのシシリー島では、1850年ぐらいまでは人が亡くなるとそのまま教会の納骨堂に収めていたんです。それが今もそのまま残されています。

内田　ミイラ化しているんですか。

養老　そうです。何千体ものミイラが洋服を着たまま並んでいます。欧米人の多くは、残酷だといって火葬を嫌います。それは遺体に対して想いが残っているということなんです。イスラム教も火葬はしません。日本人は逆に、その想いを断ち切る。そこは見事です。

日本の火葬の歴史は古く、奈良時代から行われていますが、火葬には大量の薪が要るので、それができるのはお金持ちだったのでしょう。中世の日本では多くが風葬でした。あるいは大きな穴に死体を捨てて、朽ちていくに任せた。

私が住む鎌倉は、狭い町なのに、鎌倉時代には10万人が暮らしたんですよ。現在の人口が17万ですから、かなり多かったことがわかりますね。ということは死体を葬る穴もたくさん必要だったわけで、鎌倉の山は穴だらけです。うちの庭にもいくつかあって、戦時中に防空壕にするためにそこを掘ったところ、ミカン箱に何杯もの骨が出てきました。

内田 実際、先生はその防空壕に避難されたんですか。

養老 空襲を知らせるサイレンが鳴ると夜中に起こされて入りました。大規模な空襲のときは近くのお寺の穴倉に。僕は30歳を過ぎるまでサイレンが鳴ると胸騒ぎがしたものです。

内田 戦争はそんなにも長い間、人生に影を落とし続ける。

養老 食べ物がなかったこともそうですよ。お米がないからカボチャとサツマイモばかり食べていたので、今はどちらも食べないし、お米が常食だという感覚もないんです。

内田 先生は終戦の昭和20年に国民学校2年生、現在の小学2年生でした。この終戦と、東大医学部の助手をされていた当時に起こった大学紛争と、地下鉄サリン事件などのオウム真理教の事件、この3つの社会的事件がご自身にとって大きな転換期だったそうですね。今の新型コロナもそれに匹敵するものですか。

養老 個人的にはそれほどではないですが、変化したことはあります。ほとんど世の中のことしか考えなくなりましたよね。自分のことよりも他人のことを考える。だって「不要不急」とは僕のことだよ（笑）。世の中に対して何の用事もないから。2〜3年前、東京農大のキャンパスを歩いていたら、学生が「あれっ、養老先生じゃないですか」と叫んだ。「そうだよ」と答えたら「生きてたんですか」と驚かれましたよ（笑）。

内田 若者は本当に恐れ知らずですね（笑）。

養老 コロナ後にどういう社会にするのか。それが問題です。僕はいいほうに変わればいいと思っている。コロナ前は人がやたら集まり過ぎていました。同じモノがたくさんあると一個一個の価値が下がってしまうでしょう。人も同じです。多過ぎると大事にしなくなる。それは田舎に行くとよくわかりますよ。田舎では干渉がうるさいとか文句を言うけれど、それは注目の的になって大切にされているということですよ。

30歳ぐらいのとき、メルボルン大学で研究していたんですが、当時のオーストラリアはあの広大な国土に1000万人くらいしかいなかった。移民が増えていくものの、それでもガラガラですよ。人が親切だったこと。

内田 人恋しくなりますものね。

養老　もう少しそういう世界に近づけたほうがいい。
内田　私は渋谷に住んでいますが、緊急事態宣言が継続されていても、けっこう大勢の人がいるんですよね。医療崩壊を起こさないためには、外国のように強制力をもって人々を閉じ込めるのがいいのか。移動の自由を保障している憲法を変えてでも新たな法律をつくるべきなのか。
養老　日本社会だけを考えるなら、法律で取り締まるのではなく、政府が国民に「要請」をするという今のやり方でいいと僕は思います。ただ、強制的な対処をしている外国があるから、外国では封じ込めたのに日本ではまだ封じ込められていないじゃないかという論議がされる。では外国のペースに合わせることがいいのか悪いのか、それを誰が判断するのか。それぞれの社会がそれぞれの歴史を持ち、それぞれの考え方があるわけだから、それはまさに自分たちで考えなければいけないことなんです。
内田　外国との比較ではないんですね。
養老　そうなんです。ルールで縛るのではなく、みんなで合意するというのが日本の社会だった。それが緩んでしまったのが都会ですね。一方、岩手県は感染者がまったく出ていないでしょう（対談当時）。
内田　人口が少ないからですね。まさに田舎のよさがここでも表れている。
養老　北海道が気の毒だったのは観光客が多いことです。ウィルス感染に関しては、人の出入りは問題なんですよ。あまり気がつかれていないようなんですが、ヒトからヒトへウィルスが伝染する単純ヘルペスと

B型肝炎が1970年代に世界中で急増したことがあります。実は、その数年前にジャンボジェットが就航していました。人の移動の増え方のグラフと、B型肝炎、単純ヘルペスの増え方のグラフが4～5年のずれで同じカーブを描きます。さらに4～5年後に同じようなカーブで増えたのがエイズです。

内田 動けば動くほど、交われば交わるほど病気の危険が増す。人が集まり過ぎることのない社会づくりというのは、そういう意味でも喫緊の課題なんですね。先生は今、感染しないための努力はされていますか。

養老 素直に気をつけていますよ。今日も宅配便が届いたから、荷物をよく拭いて、手も洗っておきました。だって家族がいますからね。本人が病気になるのは仕方がないけど、周りの人を病気にさせてはいけない。

内田 コロナはそれを教えてくれる存在ではありますね。家族から始まって、他者に対する思いやりがここで働かないと、乗り越えられないと。

養老 だから、人とは嫌でも付き合わなければならないんです。付き合いを切られてみるとわかるでしょう。意外に辛いものなんです。

内田 うちの子どもたちも、今いちばんしたいことは友だちと会って遊ぶことだと言います。

養老 友だちはいいものですね。生きているだけで安心していたけど、この歳になるとどんどん減っていく。それが嫌ですけど、友だちが死ぬと、あいつのおかげでえらい

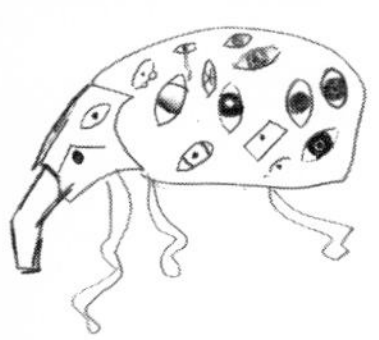

目に遭ったな、でも、おかげで人生変わったなとか、ずいぶん考えてくれていたんだなとかいろいろ思い出します。

趣味の友だちは楽です。僕の場合は虫友。虫の話だけで何日でももってしまう。

内田　先生の「虫」のように、時間を忘れるほど夢中になる何かを子どもたちが見つけられるといいなと思うんです。でも、母はよく「自分の好きなことで食べていけるなんて思うのはおこがましい」なんて言っていましたけど。

養老　僕も虫では食えませんからね。むしろ虫のために働いている。

内田　そうか（笑）。

養老　子どもには多様な経験をさせることですね。「かわいい子には旅をさせろ」と昔の人もわかっていた。

内田　幼い頃から放りっぱなしにされていた私には、それはそれでまた心のひずみが。

養老　何でも物事には裏と表があるから、丸々儲かるというのはないんですよ。その代わり、丸々損するということもない。子どもの頃の経験が損だったのか得だったのか、それはその後の生き方次第で決まるでしょう。だから、今回のコロナのようなマイナスの出来事もプラスに変えることはできるはずです。人生も同じことです。

内田　先生は何をきっかけにアカデミックに向かったんですか。

養老　きっかけらしきものはないですね。僕は小学4年生で本格的な虫の標本を作っていましたから。その頃、母がつけた家庭教師は、僕に漢文を読ませた。「子曰わく」

とか江戸時代と同じですよ。そうかと思えば、鎌倉の地図を持ってきて、等高線のとおりに厚紙を切って糊で重ねて立体地図を作らせるんです。だから僕はいまだに地理に敏感ですよ。山がどこにあって、沢がどこにあって、地域的に虫が変わっていくのもわかる。四国は西と東の2つの違う島だったとか、80歳を過ぎてそんなことも本気で考える。子どもの頃の変な教育のお陰です。

内田　先生のお話を伺ってあらためて思いました。子どもにはきれいなものだけではなく、自然の中の無秩序というか、わけのわからないものにも、意味があるのかないのかわからないものにも触れさせてみようと思います。

養老　そうそう、意味なんて求めるのは、現代社会の危ないところです。２０１６年に相模原市（神奈川県）の障害者施設で19人も殺された痛ましい事件がありましたね。重い障害があって動けない人たちには生きる意味がないと、犯人は言ってのけた。僕はショックでした。犯人の言動の裏には、すべてのものには意味がなければならないという暗黙の了解をもつ社会があるんですよ。

内田　自分を振り返っても、役に立つもののほうが正しいと思っていたかもしれません。決してそうではないですね。世の中のものは役に立たないものだらけですものね。でも、それらの存在は確かに必要なんですから。

養老　そう！　だから僕は山に行きたい。ミミズはいるし、モグラは穴を掘ってるし、石ころが転がっている。彼らはいったい何の役に立っているのか（笑）。

内田　（笑）。今日はいいお話をたくさん伺えました。最後に先生、奥様の尊敬されるところを教えてください。

養老　さっき、家内が庭を一目見るなり「これじゃ駄目だ」と草をむしり始めたんですよ。ばあさんが背中を丸めて一生懸命になっている姿に感動するというか、かわいらしいというか、いい姿だなと思った。結婚当初にも似たようなことを思ったことがありましたね。カーテンがどうの床がどうのって借家なのに一生懸命手をかけている姿を見て、このままではかわいそうだなと思った。それで初めて自分の家を建てようと思ったんです。

内田　私たち夫婦は今年銀婚式ですが、先生のような慈しみの心が足りないと反省しました。先生は、今は鎌倉を離れて箱根にいらっしゃるんですか。

養老　今、箱根にいるのは虫を追いかけているから。鎌倉の家には猫がいるから、行ったり来たりです。

内田　猫の「まる」ちゃん、いつか会いにいきたいです。

養老　家内も喜びますよ。電話、替わりますか？

内田　ぜひぜひ。

養老　ちょっと呼んできましょう。

「オモシロイオトナと出会う」ことは、私が母親から教わったことのひとつだった。生まれてこのかた、一度たりとも「勉強しなさい」と言われたことはなかったが、「この人はオモシロイから、一度会っておきなさい」というのは、折に触れ言われて育った（これじゃ、まるで一方的に珍しい動物でも観察するようで、先方にはまったく失礼な話なのだが）。そして、現に子どもの頃から、お相手の有名無名を問わず、交流の場にしょっちゅう連れて行かれた。そこで戸惑いを隠せなかったのは、基本的に母から、先方がどこのどういう方なのか、前置きや説明がないことだ。つまり、予備知識や心の準備はないまま、ご当人を目の前にする。出会って初めて、自らそのインパクトを心身ともに感じとるべし、ということだったに違いはないのだが……。

養老孟司さんとの出会いも、当時、高校生の私にとっては、まるで終わらない除夜の鐘のように、じんわり響きわたる衝撃だった。その心地よい低音の声と、どこかぶっきらぼうな佇まいから滲み出るカラッと温かい知性は、正真正銘「オモシロイオトナ」そのもの。1993〜94年にかけて、NHKで『驚異の小宇宙 人体II 脳と心』という番組が制作され、その進行役を養老先生と母が務めたのだが、撮影の特殊性からやたらと待ち時間が長く、その合間に思いがけなく親交を深めたようだ。ちょうど二人が寛ぐ楽屋にお邪魔して目の当たりにした光景は今でも忘れない。養老先生はゆったりと椅子に腰掛けて、体力のない母は、よりによって向かい側のソファに寝転がりながら、けらけらと笑っていた。なんだか、縁側でひなたぼっこする二匹の猫のように、警戒心なんてどこ吹く風、のどかすぎる情景だった。

「今度、養老さんの東大退官パーティーがあるから、きっと私たちみたいな年寄りばかりだろうし、アンタ、振り袖でも着てついてきなさい」

ある日の母の、これまた強引なお誘い。そして、反抗期をどこかに忘れてきてしまったティーンエイジャーの私は従順について行ったのだ。華やかな会場にたどりつくと、とんでもない、母の予想は大外れ、そこには養老先生の飾らぬ自由自在なスピリットに魅了された、ありとあらゆる職種の老若男女が結集していた。そのひとりに、漫画家の内田春菊さんもいらした。初対面にもかかわらず、

「私が書いた小説『ファザーファッカー』が原作の映画ができるので、もしよければ観ませんか？」

と気さくにお声がけ頂き、連絡先を交換。後日、映画の感想を書いた手紙を送ったことがきっかけとなり、映画の出演者（父親役）でもあり、プロデューサーでもあった秋山道男さんと出会う。その後、まっさらの原稿用紙とモンブラン社のシャープペンシル（私の名の刻印入り！）を秋山氏より贈られ、

「さあ、エッセイを書きなさい」

と命じられた。これが、なんの文章の素養もない19歳の小娘が、とんでもないことに、ついその気になって書いてしまったエッセイ集『ペーパームービー』の出版のいきさつ。それから25年が過ぎた今もなお、拙くも書くことを続ける幸福を授かったのである。それもこれも、思えば養老先生の垂らした運命の糸のお陰様だと、しみじみ想う。きっと、オモシロイ人というのは、こうして図らずも様々な人間の運命に影響

を及ぼすのだろう。

頭の中に知識と知性がこれでもかと詰まった養老先生の多様な魅力は、昆虫（ゾウムシを中心とした）の採集と研究をライフワークとされていることもさることながら、動物愛、特に猫愛の深さもその要因のひとつではないか。スコティッシュ・フォールド種の猫「まる」は、飼い主の養老先生と良い勝負なくらいの人気者。すでに世には、「まる」の写真集やＤＶＤまで出ている。好物はマヨネーズで、特技はどスコい座り。そして、「まる」の暮らしぶりを映した映像は、なんとも癒しの効果がある。ほとんどドラマティックな出来事はなく、ご主人様の書斎でぐでんと寝転がっているか、のっしりのっしりと庭を数十歩ほど歩いては、疲れてどスコいっと座り込む「まる」の姿をひたすら追いかける映像なのだ。特筆すべきは、二人の関係性。お互い干渉しすぎず、それぞれの日常を淡々と送る中でも必要不可欠の存在であり、そこにはリスペクトし合う、幼馴染みのような風情がにじみ出る。養老先生が、人として信頼がおけるのは、まさしくこういうところだと妙に納得してしまう。相手が昆虫であろうが、猫であろうが、死体であろうが、生きている人間であろうが、相手に対する眼差しと

スタンスは基本的に変わらないというところ。(「まる」は２０２０年12月に18歳〔人間で言うと約90歳〕で永眠)

今回、しばらくぶりに養老先生のバリトンヴォイスを電話越しに堪能しながら、身内との別れ、死ぬということ、戦争、コロナウィルス、社会、友達、子育て、家族などについて語らい、気づけば、なんだか、ずしりと柔らかい「まる」を抱いているような心地よい錯覚をおぼえた。言ってしまえば、今、こうして私が感じていることはすべて錯覚にすぎないのかもしれない。けれども、82年もの歳月、この世の理不尽と素晴らしさに付き合ってきたオモシロイオトナは、確かに言った。

「マイナスの出来事をプラスに変えることはできるはずで。人生も同じことです」


この希望という蜃気楼に身を委ねるのは、ちっとも悪くない。

ここに、養老先生による一冊の美しい本がある。哀しいかな今は、スーパーマーケットと、ひと気のない公園を散歩する以外、外の世界との交流を断っている私が唯一、誰かの言葉と魂を胸いっぱい吸い込むことができたもの。タイトルは『神は詳細に宿る』（青土社）。

〈詳細を調べると、いろいろなことがわかる。そうすると、なにが起こるか。世界が膨張する。ビッグバン以来、宇宙は膨張し続けているという。詳細を見ることは、それと同じである。詳細を見ることによって、当然ながら、見ていない部分にも、徹底的に詳細があることがわかる。その意味でこそ、世界が広がる。詳細を見るたびに、宇宙は膨張するのである。それを感じることがないだろうか。

世界を横に見て、広いなあと感じる。それは当たり前である。しかし詳細を見ると、世界を見なくても、世界が広いことがわかる。ウィルスの分子構造がわかった時に、ヒトの身体の構造をその詳しさで調べてみたら、人体がどこまで巨大になるか。まさに小宇宙なんだと気づくはずである。

脳はどこまでわかりましたか。そう訊く人がある。どこかで一〇〇パーセントわかると思っているらしい。そうはいきませんね。詳細がわかればわかるほど、脳は膨張するんですからね。

でも結局は同じことの繰り返しでしょ。一つのことが詳しくわかったら、以下同様でいいじゃないですか。そう思うから、おかげで今度は世界が狭くなる。現代人の世界はその意味ではきわめて狭い。すべてはゼロと一とで描けてしまうからである。さらに、どうせ同じなんだから、私なんか、いてもいなくてもいい。そういうことになって、万事がどうでもいいことになってしまう。そのくせ考え方の違いで、殺し合いになったりする。大局観を一致させようとすると、喧嘩になるからである。詳細を見ていたら、そういう喧嘩の暇はない。〉

養老先生の言う通り、今こそ、じっくりと詳細に宿るものに心を傾けることにしよう。これぞ、ＳＴＡＹ ＨＯＭＥにおける、無限大の可能性を秘めた、おうち遊びなのかもしれない。

ようろうたけし／１９３７年神奈川生まれ。解剖学者。東京大学名誉教授。心の問題や社会現象を脳科学や解剖学などの知識を交えて解説してきた。代表作に『からだの見方』『唯脳論』、新語・流行語大賞になった『バカの壁』など。近著に『老い方、死に方』『ものがわかるということ』など。

Driving Alone

2020年8月

「ひとり旅してみたら？」

エッセイのテーマを模索する私に、夫が思いがけないひとこと。

「え？　そんなことしてもいいの？」と聞き返す私に、

「人と会うのもいいけど、あまりしないこともしてみれば？」

彼が家を切り盛りできる日程を差し出してくれた。


幼い頃の記憶は、どれもひとりでいたことが多い。ゆえに、ちょっとしたトラウマとなり、これまで敢えてひとりぼっちで過ごすことを避けてきたように思う。ならば、その状況を自ら作った時に、何を思うのだろう？　そんな実験をしてみてもいいのかもしれない。

今年で銀婚式を迎えたけれど、振り返れば夫は私が迷った時は、たとえ何かを犠牲にしても覚悟を持って清々しく「身を投じる」ことを後押ししてくれる人だった。今更ながら、それってなかなか度量のいることじゃないか、と感心する。こちらなんて、夫が捨身飼虎《しゃしんしこ》図《ず》の如く勇気を振り絞って捨て身になるべく、カメラの前でバンジージャンプに挑む後ろ姿を冷ややかに見送るほど、心の器が狭いのだから。なんて、実際はただ妻の居ぬ間に、ほっと一息つきたいだけかもしれない。いずれにせよ、私の冒険に一役買って出てくれたことは確か。ここは素直に受け取ることにしよう。

近頃は、体調がなんだか優れず、もしや更年期に差しかかってきたのかも、と整体師に相談すると、それも無きにしも非ずだが、長い梅雨のストレスと、先行きが見えないコロナ禍の不安で、多くの来院者が似たような不調を訴えていると教えてくれた。医師にも診せると同時に、一度、ゆったりした時間を作ってみては？　と嬉しい助言。なんでも、私が大好きな海は、眺めたり、波音に耳を傾けるだけでも、波のおおらかなリズムに自然と呼吸が整うらしい。これまで、辛い時こそ海に癒されてきたのも納得がいく。これで旅に出るエクスキューズが出そろった。

不意に手に入れた自由時間は、一泊二日。当然、コロナもあるし、あまり遠出は気が引ける。目指すは、自分で運転して行けて、海が眺められるところ。いざ、母の遺した愛車に乗り込み、生前あらゆる所へ連れて行ってもらった車のハンドルをぎこちなく握る。ふと、子どもの頃、夜中に目を覚まし、まだ仕事から帰ってきていない母を「おかあさぁぁぁぁん！」と、声が嗄《か》れるほどベッドで呼び続けたことがよぎる。あんなにひとりが怖かったのに、こうして今ひとりになろうと家から遠ざかる44歳の自分。指先がちりちりして、心もざわついてくる。

気をあらため、今度は未来に思いを巡らせる。10歳年上の夫は自ら「きっと私は先に死ぬから、あなたは余生を謳歌できるよ」と不気味だか親切だかわからないことを呟く。そして、私は成人する子ども達には鬱陶しがられぬよう、程よい距離を保って過ごしたいと常々思っている。とすれば、きっといつかまた私はひとりぼっちになるだろう。なんだかまた想像しただけで、変な汗が滲《にじ》んできた。

「人間は、当たり前にみんな孤独」

と母はよく言った。誰がそばに居ようと、生まれてから死ぬまでひとりなんだと。

その覚悟さえあれば、誰かとの時間をもっと繊細に、鮮やかに感じることができる。確かに、足りないものを埋める寂しさと、自分ひとりですっくと立つ孤独というのを、私は混同している節があるのだ。

二つ目のトンネルを通り抜けたころ、四半世紀前に新婚旅行でアメリカを車で旅した光景がよみがえってくる。南西部にあるモニュメントバレーの一本道を、宿を目指して長時間ドライブしていたら、なかなか辿り着けず、そのうち日がどんどん暮れていき、街灯一つない道をヘッドライトのみを頼りに走り続けることに。辺りは、ひとっこひとりおらず、建物もなく、文明の気配さえない砂と岩の世界。空はとっくに橙色から深い青の時間に突入し、視界が狭まってきた時、まるで恐竜が横たわるように巨大な岩山が現れた。その瞬間、私たち夫婦は確かに太古の昔にタイムスリップをし、自然の偉大さに、恐ろしさと憧れをおぼえた。

自動車というものは、息を呑む景色の移り変わりと共に、自分の足だけでは到底辿り着けない場所へ、ひょいと連れて行ってくれる。何かと出会いに行く高揚感もあれば、1秒でも早く行き着かねばという焦燥感も味わう密室。骨折した母をこの車に乗

せ、病院へ走った道を通ると、今でもその時の緊張が鮮明によみがえり、気道がギュッと狭くなる。きっと、母は
「いつまでも、そんなどうしようもない記憶にしがみついてないで、早く忘れなさい」
と言うだろう。
「もっと刻んでおきたいことが、いくらでもあるでしょう」と。

海だ！　はらはらと波の綾が銀色に輝いている。なんだか空と海のブルーが溶けあって、境目さえ見当たらない。待ちわびた梅雨明けの大地に降り注ぐ太陽がこんなにも愛しいものかと、ため息ひとつ。やがて、それは穏やかな深呼吸に変わり、耳を澄ませば、蟬の声と潮騒が合唱していた。

宿に着くと即座に問診票を渡され、消毒と検温で一気に現実へと引き戻される。従業員も、客同士を近寄らせぬよう細心の注意で誘導してくれる。ああ、これがニューノーマルなのだなぁ……。

「今夜は久方ぶりに花火が上がりますよ」。うれしいことは突然やってくる。人々に密集されないよう、サプライズ的に打ち上げるのだという。始まる少し前にそのこと

を告げられ、慌てて外に出た。人影もまばら、半信半疑で暗闇に立つと、突如「ヒューッ」という高音に続き、お腹の底に破裂音が「ドンッ！」と響き渡った。そして、サイダーみたいにシュワシュワと夜空に散ってゆく残り火……そこからは息つく間もなく、色とりどりの形と大きさで物語る夏の風物詩。

あれ？　でも、何か肝心なものが足りないと躊躇《ちゅうちょ》する。それは、いつもの母の威勢の良すぎる掛け声だった。一にも二にも花火が好きだった彼女と花火を見ると、きまって「鍵屋〜!!　玉屋〜!!」と一緒にいるのが恥ずかしくなるほど大声で叫ぶのだ。子どもの頃は、それが嫌で嫌で堪らなかったのに、音沙汰なくなって初めて、懐かしくなるなんて……随分と気まぐれな。当たり前というものに、あぐらをかいていたから、ほら、こうして、胸がつかえるんだ。

まだ何ひとつコロナとの戦いと共存に糸口は見出せていない世の中でも、きっとこの花火を目撃した人たちは、えも言われぬ癒しを得たに違いない。その昔、江戸でコレラが流行し大勢の死者が出た際、隅田川では水神祭が催され、慰霊、悪疫退散を願い、鍵屋の花火師が花火を打ち上げたという。現に胸のすく思いとは、こういうものかと私自身も恍惚とした。
部屋に戻り窓の外を見ると、漆黒の海の上に丸い月が浮かび、水面に白銀の月の道が現れていた。私は汗ばんだまま、しばらく呆然と立ち尽くす。この絶景は順番に世界のどこかで眺められていて、今宵は幸運にも私にチャンスが巡ってきたのだ。いつもなら傍らにいる10歳の次男をひとり想う。彼がこの世に生まれた時、名前を月の異称・玄兎《げんと》と名付けた。地球のどこにいても見つけられる存在。おやすみなさい、お月さま。

翌日、朝陽に起こされると、昨晩の蚊取り線香の残り香と潮の匂いが入り混じっていた。目の前に広がる大海原の上空を、とんびが悠然と飛んでいる。「あ、今日は広島の原爆投下の日だ」。75年前の今朝、静かな朝は神隠しのように消し去られた。地球上で唯一、原爆が落とされたこの国では、この凄惨な体験をした生存者も年々減る一方で、異国では次々と核が製造され続け、その数を競い合う。きっと、どの国の子どもたちも「けんかしちゃダメだよ」とオトナに教わって育つはず。一体、私たち人間は、どこで人のものを奪い、命を壊していいものと勘違いしてしまうのだろう。

毎年8月になると、母はひときわ寡黙になり、折に触れ祈りを捧げていた。単なる気休めといえばそれまでだが、例えばハワイに行けばいつだって、空港到着後そのままパールハーバーへ直行し、しばらくの間、静かに祈り、海を眺めて物思いにふける。それは、彼女なりの礼儀だったのかもしれないが「いくらなんでも、着いてすぐ行かなくても」と心配すると、いつもケロッと、「ホテルのチェックインまで時間があるからさ」とかわされた。

済んでしまった戦争も、これから起こり得る戦いも、他人事ではなく自分事のように捉え、感じ、考え、願いたい。母はどの国のどんな信念を持った人たちとでも、差異ではなく、つながりを見つけるのが得意だった。外国では誰にでも、平然と日本語で語りかけ、同じ人間なら必ず心が通じるという思い込みたるや相当なもの。もちろん、話を掘り下げることはできないが、大抵は相手が笑いに包まれて、なんだかよくわからない日本から来たおばちゃんを受け入れてくれるのだ。私には英語教育を受けさせておきながら、自分は母国語一本で不自由なく世界を渡り歩いた。

夏の匂いは、こんないくつかの記憶の断片を連れてきた。海を眺めていたら、あっという間に宿を出る時刻になっている。熱せられた母の車に乗り込み、再びハンドルを握った。窓を全開にして、名残惜しい潮の香りを胸いっぱい吸い込んだ。結局、ひとりを味わい尽くすほどのゆとりはなかったけれど、ひとりでいる時にこそ思い浮かんでくる誰かの存在が、自分というひとりを強くしてくれる。そして、帰る場所と待っていてくれる人がいるからこそ、より自由になれる旅なのだ。どうやら、まだまだ孤独の流儀には辿り着けそうもない。

あの時、19歳の私と29歳の彼が、結婚に身を投じて以来、内田といういびつな家をふたりでなんとか補修してきた。数え切れないほど諦めそうになったけれど、その道すがら、子どもが一人、二人、三人やってきて……親が一人、そして、二人去っていった。こうしてみると、家なんて一過性のものかもしれない。でも、私たちはまだもう一息、その残像となるべく家族というものを描き続けよう。

「なんのために?」

それは、ひとえに25年前、ふたりが崖から「せーのっ」と飛び降りてしまったからにすぎない。いつか力尽きるまで、自然の重力に身を任せ、しなやかにフォールできたら。

ふと目の前に、一羽のクロアゲハがひらひらと現れ、まるで車を先導するように舞っている。けれど、トンネルに入った瞬間、消えてしまった。

ここにいる私を見て、もうここにいない彼女は何を思うだろう。そして、今の世の中を見て、何に手を合わせるのだろう……。

もうじき、母の二度目の命日がやってくる。

鏡リュウジ

mirror, mirror, what do you see?

2020年11月　レストランにて

目には見えないものをとらえるためには、相当のイマジネーションとセンシビリティが必要だ。私には長らく、この感性が欠けている。でも、ふとした時に、目に見えるものだけを信じるというのもずいぶんと自分を狭い世界に閉じ込めていて、なんだかツマラナイと感じることもある。そもそも、目の前にあるものと、視界に入らないものとの間に、そんなにくっきりした境界線は存在するのか。無辺の宇宙にしても、肉眼では見えないところへ続いていることは明らかだし、科学的に実証されていないものは全て嘘だという確信も持ち切れないのなら、そのあわいで自在に空想して泳いでみたい。

私の父も母も、基本的に目に見えることより、見えないものを軸に生きていたような節がある。物事に表と裏があるなら、肉体より魂、建前より本音、理屈より感じる

ことを大切にしていた。父はよく「スピリットにグッとくる」と、言葉で表さなくても伝わるもの、わかってしまうものがあると言った。母は星占いであろうが、目の前で起きている現象であろうが、人間が感じて表現したことである以上、「まぁ、そうだろうね……」とまずはすべて受け入れてみるほど疑いを持たない人だった。善悪の範疇を超えて、誰かの体や心を通して表出したものに、共感能力を高く発揮するのだ。彼女のこの性質は、役を演じることにも大いに役立ったはず。

勝手に私は、自らの第六感で何かを選びとり、信じるということは彼らに任せておけばいい、と思い込んできたのかもしれない。知らぬ間に彼らのそういう純粋さと逞しさに守られて、私はここまできたのだ。その囲いがなくなった今、なんだか目に見えることや、理屈だけでは、心の靄《もや》が晴れない自分がいる。たとえば目に見えないものを見る手段として、太古から人間が頼りにしてきた占星術という学びによって、新たな距離感で自分を俯瞰することはできないものだろうか。容易く見ることのできない星の配置で、どんな世界を知ることができるのか。

人並みに雑誌の星占いページに興味を持ち、知人に薦められたタロット占いで、その時に必要としていた励ましの言葉に勇気づけられたことがある程度の私は、占いというものをどこか別世界のアトラクションのように捉えていた。より深く占いと向き合い、あたかも「この運命の流れで決まり」と、まるで既に描かれた設計図のように言われたら、「人生は自由意志で切り開くことができないのか」と無力感に襲われ、うろたえてしまうだろう。私はうすら怖いのにもかかわらず、世界中がコロナウィルスにより身動きを制限され、先の見えない恐怖が漂う今だからこそ、ざわざわする胸をわずかでも晴らしたいと揺れていた。

その日、私は午前中の仕事の間も気もそぞろで、終わると同時に待ち合わせのカフェに足早に向かった。入り口のベンチには、読書する男性の影。「鏡さん、ですか?」と声をかけると「はい。はじめまして」と、まるで大学生と見紛うほど華奢で、純粋な青年感みなぎる佇まいと、店内の活気に消え入りそうな柔らかいささやきボイスだった。

鏡リュウジさんは、言わずと知れた占星術研究の大家だ。なんと10歳でタロットカードの読解本に出会って以来、70年代後半から80年代当時、日本で出版されていた占星術やそれにまつわる書籍を読み漁り、それでは物足りず、自ら海外の出版社に手紙を書き、関連本を個人買い付けし、慣れない英語を辞書で訳しながら知を深めたという。さらには、中学生にして某占い雑誌に投稿し、編集部からその並ならぬ占星術能力を買われ、生まれ育った京都から上京して仕事をしないかとスカウトされるほどに。

しかし、占星術界の神童から一直線に今日の地位に至ったわけではなく、鏡さんこそ、占いというややこしいものと関わることの葛藤に揺れた人だったと、この日の対話によって知った。難解な数字を読み解き、先人のテクニックを学び、それを再構築する事は楽しさと、占い特有のあやしい匂いや、科学的に明快な方程式が存在しきらないもどかしさ。身が引き裂かれそうなアンビバレントな思いを抱える中で、希望と勇気の灯となったのが、医学的見地から占星術につながりを見出した心理学者カール・ユングの心理学と融合した〝心理占星術〟だった。「占星術とは、五千年の歴史を持つ心理学である」かくいうユング博士。

大学院では心理学の研究に没頭し、アカデミズムに邁進することでコンプレックスに折り合いをつけようとしたけれど、メディアでの占星術の仕事も増える一方で、ジレンマは消えることはなく深まった。ついには、「表立った占星術の活動をすべて止め、勉学に励む」と、大学院の教授に決意表明をする覚悟をした晩、夢を見た。自分のアパートの室内に見覚えのないドアを見つけ、その未知なる部屋に入ると、コンピューターにつながるプリンターから、ホロスコープが止めどなく印刷されていた。そこで目が覚めた彼は、その使われていない部屋が、無意識や自分の抑えようとしていた部分を象徴し、そのままだと誰にも読まれることのないホロスコープがあふれ出し、収拾のつかないことになる、だから、今一度占いをする自分の場所を維持していこうと、瀬戸際で方向転換することになった。

心に従い占星術の本場イギリス（ハリー・ポッターを生んだ魔術の本場でもある）に飛び込んだ鏡青年は、スポンジのように知識を吸収し、経験も積んだ。大学生の頃から会員となっていた、世界最古の占星術団体のひとつ、英国占星術協会の年次大会にも毎年出席し、コロナが蔓延するまでは、多いときには年に3、4回は渡英し、自身の論文の発表や、知識も経験も豊富な本場の占星術師らと交流を重ねてきた。占星術界の最新トレンドやゴシップを聞き、また、歴史上の人物たちを占い、史実と照らし合わせたりするひと時は、何物にも代えがたいそうだ。個人の鑑定は基本的にやらないという鏡さんは、なんだか歴史家や文化人類学者にも見えてくる。

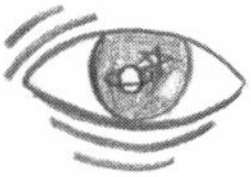

アカデミックに占星術を学び、日本に広く伝えてきた鏡さんが20年ほど前に発表した著書『占いはなぜ当たるのですか』が、2020年、加筆と、英国占星術界の重鎮（鏡さんが師と仰ぐ）ジェフリー・コーネリアス博士の講演録を加え、装いも新たに復刊された（説話社刊）。この本によると、占星術は「天体の配置が地上の出来事に実際に物理的に『影響力』を振るうことによって起こる」因果論と、「心と物理世界の間に、時として不思議なつながりが生まれる」シンクロニシティー（共時性）の両者によるものだという。

〈「占いは当たるのですか？」

即座に、「イエス」と答えよう。

この「イエス」には二重の意味があり、一つは、文字通りの「当たる」という意味では、ささやかで小さなことかもしれないし、衝撃的に運命を、誰かの生き死にを予告していることであるかもしれない。

しかし、それ以上に「当たる」ということは人の胸を、心を「打つ」という意味だ。

占いが当たったとき、あるいは「当たる」と感じられたとき、人は自分の出来事に何か意味があったと感じることができる。期待や希望や祈りが大切なことであると思えてくる。そして、それが宇宙とのつながりの感覚を与えてくれるのだ。〉

（『占いはなぜ当たるのですか』より）

占いで言い当てられたとき、自分には割り切れない、理解できない状態に、きちんとラベルが貼られたような安心感や、存在が認められた心地を得ることがある。占いが持つカウンセリングやセラピーの効果を、鏡さんは確かに信じているのだ。

占星術において今日を占う星の配置は、何万年前から、たとえ似ている事はあっても、同じものは一回もないのだという。つまり、すべてが一期一会の体験。占いはいろんなタイプの経験を形容するための絵の具のパレットみたいなもので、なんらかのサインが提示されたとき、「なるほど、そういう傾向があるならこうしてみよう」と描き直すことで、もう運命は変わり始める。決められた設計図というより、自由意志で進むための地図のようだ。もしも今は星の巡り的に結婚運が悪い時期だと占われたら、それはその時の自分自身に生じているなんらかの問題があぶり出されるきっかけとすればいい。そこで相手に投影してしまうとネガティブな診断結果になるけれど、自分に焦点を当てて、人生を動かすことで、結果的に相手も状況も変わるかもしれない。

同じ星の配置でも、占星術家によって解釈が分かれてくる余地は大いにあり、そこに読み手の考え方や世界観が織り込まれていくのだそうだ。同じ筋書きでも小説家によって別世界が生まれたり、映画作品がリメイクされるときに時代と監督によって別のメッセージが生まれたりすることと似ている。

「自分のなかの『占い師』と『懐疑主義者』のどちらにも転ばないようにしながら、その間の細い道を何とかふんばって歩いてきたような気がする」と話す鏡さんに、極端の間の中庸を常に模索してきた私は不思議な共感を覚えつつ、彼の星読みが多くの人に支持されるゆえんがわかった。

翻訳家としても名を馳せる鏡さんは、私が一生かかっても読めないほど多くの占星術本を日本語に訳されている。その大方は、学術的に堅く難解な専門書だ。「占星術をやっていると、雑学が増えるだけ」などと、さらっと言ってのける彼だが、その知性とあくなき探究心の深さは、他の追随を許さない。誰よりも合理性を理解する彼が、ある意味、その真逆に位置する割り切れないものに果敢に挑む姿は、まるで壮絶な葛藤を乗り越えようとするギリシャ神話の英雄のようだ。

「日本語には、英語にすんなり訳しにくい言葉がありますよね。〝ご縁〟などは、どう訳せばいいのでしょう?」

と、私が尋ねると、

「そうですね、〝fate〟とか、なかなか直訳は難しいですが、例えば〝おかげさまでご縁をいただいて〟というフレーズなら、〝I was fortunate enough…〟とできるでしょう。でも、そもそも縁というのはシンクロニシティーという観念にも通じていて、ちょうど今、僕が読んでいる、哲学者の國分功一郎さんの『中動態の世界』という本にも、受動詞でも他動詞でもなく、その間の中動態というミドルボイスがあるというのです。現代では衰退していますが、古代ギリシャなどでは普通に文法として使われていました」

と、鏡さんが言語と思想の世界へもいざなってくれる。

終始、ロマンティストな鏡さんだが、対談中、幾度かリアリストな面も顔を出していた。

「最後に自分が死ぬとき、悪魔に『ほら、騙されやがった！　ちょっと餌まいたら、それにホイホイ乗りやがったな』って言われるんじゃないかと思っているんです」と苦笑い。

今回、初めて鏡さんとお会いして明らかになったことがある。私が英国に住んでいた頃、彼の地で楽しく頼もしく親交を深めた友人が、なんと鏡さんの大学時代の学友だったのだ。学生時代の休暇中に、友人は他の友達数人と連れ立って、鏡さんの京都のご実家にまでお邪魔したのだとか。こうしてみると、その友人と鏡さんの聡明さには相通ずるものがあるし、英国が私の人生第二のホームであるという共通点からも、鏡さんとは何かしら通りいっぺんだけではない「ご縁」を感じてしまうのは、いささかこじつけというものだろうか。

やがてまた初めの問いに舞い戻る。たしかに、私は目に見えないものに囲まれて生きている。占星術という、人類が英知を注ぎ編み出したメソッドも、縁という思いがけない誰かとの出会いも、合理性だけでは結論の出ないことばかりではないか。そもそも「こちら側とそれ以外」と勝手に縦の線で分けていたのは、自分だったのだ。境界線などあるはずもない。過去も未来も現在も世界も宇宙も私自身も、ただ、そこに在るのなら、ありのままを受け入れよう。

はるか数百億年も前から光り輝く星たちの配置をひもとき、自分の性質と向き合い、人生の紆余曲折を受け入れ、日々のご縁を愛でることができたら……きっと彩り鮮やかな世界が目の前に立ち現れるだろう。

＊

クリスマスがもうすぐのところへ来ている。今年は家族へのプレゼントに、ロンドンはニール・ストリートに古くからある、ちょっと入るのに勇気のいる占星術ショップで、個人の生年月日と誕生した時刻や土地を元に、星の影響を紐解くパーソナライズされた本を注文してみよう。何かのヒントになれば素敵なギフトではないか！　まずは試しに、自分の本を作りページをめくると、家族の関係性が書かれたところに「あなたは、父親との縁が遠く、そのことに人生が深く影響を受けるでしょう。しかし、そのことで自身の築く家族は、より強い絆で結ばれるでしょう」と、あまりに身に覚えのある言葉が綴られていた。この続きを読むには、それなりに心の準備を要するな、と一旦、本をそっと閉じた。

かがみりゅうじ／１９６８年京都生まれ。心理占星術研究家、翻訳家。英国占星術協会会員。京都文教大学客員教授、東京アストロロジー・スクール代表講師。国際基督教大学大学院修士課程修了。占星術の心理学的アプローチを日本に広め、従来の占いのイメージを変革。著書、翻訳書多数。近著に『12星座の君へ贈る言葉』シリーズ（星座別に12冊刊行）など。

坂本龍一

clair de lune

2021年1月　電話にて

1996年冬、当時二十歳だった私は、新婚旅行でニューヨークを訪れていた。その半年前に、結婚式を挙げた日から同居を始めた夫とは、まだ少しよそよそしさという距離感があった。それにしても、生まれて初めての男性との暮らしに、一喜一憂、試行錯誤していたのも事実で、数ヶ月をかけてアメリカの東から西へ進むという予定のスタート地点でもはや暗雲が垂れ込めていた。

そんな最中、友人の誘いでニューヨーク在住で音楽家の坂本龍一さんご一家とディナーをご一緒することに。ダウンタウンにある洗練されたアジアンレストランでは、ウェイターまでがモデル並みに個性豊かな美男美女で、フロアを闊歩《かっぽ》していた。薄暗く無国籍の活気が充満する中、予約の席にたどり着くと、まるで御仏様のような深い眼差しに、永遠のＢＡＤ ＢＯＹ特有の危ない匂いを纏《まと》った40代の男性が……。

Mr. Ryuichi Sakamotoは、無垢さと柔らかな母性を彷彿とさせる、それまで出会ったことのない魅惑的な存在感を放ち、発する言葉の端々にも、聡明さと情熱が絶妙なバランスで混在していた。そして、その隣には、公私ともに坂本さんを支えるパートナーで、凜と深く美しい声が印象的なSさんと二人の息子で6歳のNくん。

おいしいワインと食事をお供に花咲いた多岐にわたる対話は、そのまま坂本家のご自宅にまでなだれ込んだ。一足先に眠りについた息子さんも、私たち大人の白熱する声が邪魔したのか、途中「怖い夢を見た」と言って起きてきてしまった。そんな時も両親は、夢の内容に耳を傾け、それなら夢の続きで「こういう対処をしてみたらどうだろう」と提案し、納得した少年は再びベッドに潜り込んだ。

この只者ではない二人が、我が子に接するときの温度や距離感はまるで、ひとりの大切な大人の友人に語りかけるようなのだ。それは、まだ大人にもなりきれていなかった私が、いつか出会うかもしれない自分の子どもとどう接したらいいのか、ひとつの指針を示すような光景で、小さな大人として尊重し、極端に特別扱いすることなく、当たり前に接すればよいのだということを教えてくれた。

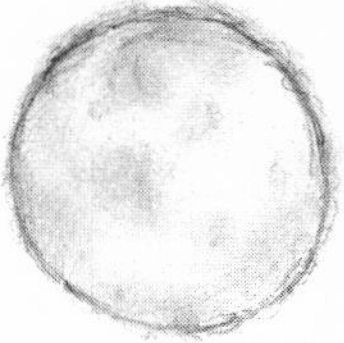

＊

夜をモノクロームの映像がとらえ続ける。月が唯一の光源と言ってもいい。月光は木々を照らし、人気のないスーパーマーケットを見つめ、波打つ水面を浮かび上がらせ、まるで、神の目線のような錯覚を覚える。聴く側も全身全霊で集中して耳を澄ませたくなるこの音の世界が、私には、どこか果てしない海底トンネルを猛スピードで走り続けるような音や、普段、気づきもしない一人ぼっちのかすかな生活音のような、思いがけない未知との遭遇でつい乗ることになった巨大な宇宙船内の音のように響いて……私のMacBookの冷たい画面を通して、どこか懐かしくも未体験の世界へ誘《いざな》われていった。

「去年、コロナ禍でニューヨークがロックダウンになって、この先どうなるか全くわからない、予定が立たない中で、世界中にいる音楽家の友人たちが一人ひとり感じていることを知りたくなって。この何世紀に一度の貴重な体験を、この今の変な感覚を音に残そうよって」

こうして、坂本さんの呼びかけで、ベルリン、香港、ニューヨーク、ロンドン、北京、東京などの友人それぞれとじっくり向き合うように、「incomplete」という11のデュオ作品を制作し、映像作家ユニット「zakkubalan」による映像と共に世界配信された。

「作る側が人に勇気を与えようと意識して作るのは、僕はあまり好きではなくて、聞こえないものを聞くというか、感じることを正直に音にするのが僕ら音楽家じゃないかと思うんです」

ロックダウン中に、ニューヨークの自宅の庭には、それまで以上に鳥たちが集まり鳴き声が響き渡ったという。ささやかなことだが、自らの自然観を忘れたくないと思う日々が続いた。

「このパンデミックにより世の中は不自由を強いられたけれど、ある種の自然からの警鐘と思い、この先は今まで通り自然を破壊するのではなく、新しくバージョンアップした21世紀を作ってほしいと思います。

日本では政治・行政も一般の人も、感染に対する危機感が薄いと感じるけれど、ニューヨークで目の当たりにしたような病院の外に死体を運ぶ保冷車が何台も止まっていたり、実際の死者数が日本の何十倍という恐怖を肌で感じていないと仕方ないのかもしれない。とはいえ、日本では検査も受けられないまま亡くなっていく人が、1年近く経った今でもいると聞くと、ここまで怒らない日本人もすごいというか……。

〝経済と人の命は二者択一ではない。命がなければ経済はない〟という考えがあり、僕はとても共感します。人命を助けるための検査体制、困窮する国民への援助など、日本の政治家は今まで以上に迅速に対策をとる必要があるのではないかな」

思えば坂本さんは、ずいぶんと前から世の中の理不尽に対して自身の思いを表明し行動をしてきた。「見て見ぬフリができない性格なだけ」とご本人は言うが、それは音楽家として相当覚悟のいることだ。昨今ようやく盛んにうたわれ始めたＳＤＧｓに関しても、とっくに、当たり前のようにして取り組んでいる。14年前、加速する森林破壊と地球温暖化の危機的状況を知ると、仲間たちとmore treesという団体を立ち上げ（実は私も微力ながら、賛同者のひとりに加えていただいている）、世界中の森に木を植え、適宜伐り、そしてそれを活用する経済的な活動まで支え、森と人との共存をはかってきたのだ。例えば日本では、東日本大震災の被災地に木造の仮設住宅を寄付した。

そして脱原発を唱えてきた坂本さんは、まるで3・11が自分のことであるかのように被災地に足を運んできた。

私には忘れられないシーンがある。それは5年にわたり坂本さんの音楽と思索の旅を捉えたドキュメンタリー映画『Ryuichi Sakamoto：CODA』のワンシーン。坂本さんが東日本大震災の津波に飲まれ壊れかかった1台のピアノの前に座り、一音一音、優しく弾いている。なかには押しても戻らない鍵盤もあり、それをそっと指で持ち上げながら放たれる音にじっと耳を傾けていた。

「いま僕は、自然が調律してくれた津波ピアノの音がとってもよく感じるんです」

もともと、自然にある物質を人間の工業力や文明の力で型にはめて作られたピアノ。人間的には自然でも、自然から見ると不自然なものに対する嫌悪感が自分の中にあるという。

clair de lune

その時の坂本さんは、自らに対して、人間の営みに対してのジレンマを見つめるような、物悲しくも鋭い眼光をしていた。きっとこの人は、こうしてずっと自問自答をくり返してきたのだろう。

父親は三島由紀夫の出世作『仮面の告白』を世に送り出した伝説の編集者で、母親は幼い龍一の服を手作りしてしまう腕前の帽子デザイナー。この個性豊かな夫婦の一人息子として坂本さんは育った。3歳からピアノを習い始め、中学生の頃には本気で「自分はドビュッシーの生まれ変わり」と信じていた。創造力が当然のごとく育まれる環境で成長し、その後は言わずもがな、70年代後半より、前代未聞の音楽ユニットYMOの一員として、人々や文化に新風を流し込み、単独では名だたる世界の映画音楽を生み出し、日本人として初めて米国アカデミー賞の作曲賞を受賞した〝世界のサカモト〟へ。

「あ～、也哉子さん、どうしてこんなところにいるの⁉」
「なんだか、参加した映画が上映されるので、来ちゃいました！」

3年前、ベルリン国際映画祭のオープニングセレモニーで、審査員を務めていた坂本さんとばったり、およそ20年ぶりの束の間の再会を果たしたことがあった。映画祭では『坂本龍一 PERFORMANCE IN NEW YORK：async』というドキュメンタリー作品も上映された。架空の映画音楽というコンセプトで2017年に制作された非同期的なアルバム『async』に連なる、貴重なニューヨークでのライブパフォーマンス映像は、親密で崇高な空気に満ち溢れていた。

そして、2014年に病を得て以来、いま再び「がんと生きる」ことを表明された坂本さんは、それまでと変わらず、静謐で朗らかな心持ちだった。

「時間がふんだんにあるときは、無駄や馬鹿なこともたくさんしてたけど、残り時間が見えてきたら、そういう余裕がなくなる。だからプライオリティーをより絞ってやっていくしかない。六十過ぎて若い頃作ってたある種、乱暴な音が出せなくなったけど、逆に今、自分が出してる音の方が好きですね、他人がどう思うかはわからないけど（笑）」

気付けばこうして、69年という歳月を重ね、思うこと――。

「僕の4人の子どもたちが仲良くしてくれていることが、今はとても嬉しいですね」

それぞれ異なるパートナーシップで誕生した子どもたちは、現在日米に点在し、すでにお孫さんまでいる。自身が若い頃は、なかなか一緒に過ごせなかったことを彼らに詫びたこともあるという。


人の原風景として、家族や血の繋がらないパートナー同士の関係性に惹かれてしまう私は、やはり最後にどうしても、坂本さんを長年支え続けるSさんにも聞いてみたかった。類まれなる才能を持つ人を愛し、その人との家庭を耕し、子を育てながらも、その人の仕事をも客観視しつつ取り仕切るという、24時間体制でのコラボレーションについての率直な想いを。

「もう、やってられない、という時期も過去にはありました。坂本が作りたい方向性と、私がもっとこうだったらいいのではという方向性が仕事において乖離すると、真剣だからこそ腹立たしさは百倍にもなりますから。

ただ、面白がってます。日々、経験できないこともさせてもらってるから。それに、ふと彼の素晴らしい曲を聞いたりすると、腹立たしさの山をちょっと忘れる時もある。そして、なんか話したいとか、綺麗なものを見たら見せてあげたい、美味しいものを食べたら食べさせたいと思う人が、残念ながら彼以外にあまりいないんですね」

彼女は、あの時と同じ耳触りの良い声でくすりと笑った。

四半世紀前の新婚旅行で感じたことは、やはり紛れもない真実だったのだ。他人と共に生きるということの、ある種のやりきれなさと、その関わりを続けることの未曾有の面白さは、どちらが欠けてもつまらない。

人が人と出会い、何かを共に志し、新たな人間を育み、世界をあらゆる角度から眺めてきた結果、私たちオーディエンスは、かつて出会ったことのない素晴らしい音の恵みを受け取ることができているのかもしれない。まさにクリエイティビティーの所以の一片を垣間見られた瞬間だった。

音楽をわかっていない私にも、これだけはわかる。Mr. Ryuichi Sakamoto の音楽は、ひたすらに美しく、何かの予感にドキドキと心拍数をあげたり、時に懐かしさで無性に泣きたくなったり、自分が、そして、世界が生きていることを、心が確かに動いていることを実感できる。それは、坂本さん自身がこの上なく正直に感じているからこそ奏でられる、ウソのない旅の途中でこぼれ落ちた証なのだと。

さかもとりゅういち／１９５2年東京生まれ。音楽家。東京藝術大学大学院修士課程修了。78年にＹＭＯを結成。映画音楽を多数手がけ、『戦場のメリークリスマス』では英アカデミー賞、『ラストエンペラー』では米アカデミー賞、グラミー賞などを受賞。世界を舞台に革新的音楽を追求し、社会活動にも精力的に取り組んだ。２０２3年3月28日に逝去。

His sound will resonate eternally.

桐島かれん

the flowers in her hand

2021年5月　上田邸にて

写真家・上田義彦の撮った彼女《つま》のポートレイト。彼女の表情には、あたたかさと哀しさがゆらゆらと湛《たた》えられている。鋼のようなゆるぎない意志と、渚のような捉えどころのない儚さが混在する眼差し。その稀にみる佇まいから、目を逸らすことはできない。それは、愛する人の生を芸術家が切り取る瞬間に浮き彫りになる美しさ。ピカソの描いたジャクリーヌのように、スティーグリッツの撮ったオキーフのように、上田もまた、桐島かれんを撮らずにはいられなかったに違いない。そして、その産物である作品を見た者の中に、いつしか愛について、生についての問答が静かに生まれはじめる。

　かれんさんとの出会いは、20年ほど前にさかのぼる。ある日、幼い息子を連れた私たち夫婦は、昭和初期に建てられたという洋館に暮らすかれん夫妻を訪ねた。私にと

って先輩ママである彼女に、日々のあれこれを伺いながら、まるで国と時代をタイムスリップしたようなお宅の空気に圧倒された。意匠を凝らした扉や階段、手入れの行き届いた庭や、世界中から集められた新旧の家具たち。夫の作品の間には彼女の祖父母の代から受け継いだコクトー、マティス、ブラック、ピカソなどの作品がさりげなく飾られていて、日常に溶け込んだアートの神々しさにしびれたものだ。かれんさんの審美眼は、その品が最も呼吸のしやすい居場所を定め、日々の暮らしに根ざすことを熟知している。

家を見渡し感嘆する私たちに、上田さんが語ってくれたことが忘れられない。子どもが生まれるまでは、自宅に置くものや、その置き方まで、リズムの乱れを避けてきたが、子どもの存在はすべて予定不調和だと身をもって知ることにより、それまでの自分の調和からはみ出したものの美しさも思い知ったという。ある種ストイックな美に惹かれていた彼が、家族が増えることで、美の視点やその許容範囲もおのずと変化したのだ。やがて、妻が庭先で摘んだ花を、普段遣いのグラスに一輪挿した佇まいや、空き瓶に生けた花がしおれた瞬間を写真に収めた作品集『FLOWERS』が誕生した。

モデル、歌手、演者として記憶に残る存在感を放ち、デザイナー、目利きとして、遺すべき世界の手仕事や、日々をときめかせる装いを提案するファッションブランド「HOUSE OF LOTUS」を率いるかれんさん。そして、屋久島の深い森にそっと分け入ったり、ガンジス河の清らかな濁流のほとりに佇んだり、来る日も来る日も自然と生き物の織り成す美しいカオスを撮影し続け、我が家に戻ると妻や子たちの存在の息吹にじっと耳を澄まし、目を凝らす写真家。人と人が集まり家族を営む上で、これ以上、幸福なクリエイティブ・サークル・オブ・ライフなんてあるのだろうか……。

「私たちの関係がこうして続いてきたのは、個々の興味や活動の場が異なっていて、互いに干渉しすぎなかったからなんじゃないかな」

端から見たら、生活から仕事の隅々まで影響を与え合っているものと思い込んでいた私には、かれんさんの発言がにわかに信じ難かった。それと同時に、一度も彼らの間に湿度の高い空気を感じたことがないわけが、妙に腑に落ちた。常に互いの気の届く範囲にいながらも、異なる光の世界を見出しているふたりなのだ。

「20代の頃に自分が確立するまでは、母のことが恥ずかしかった」
選択的シングルマザーという言葉もまだなかった1960年代に自らの意志で結婚せずに子どもを産み、歯に衣着せぬ物言いで70年代より、数々のセンセーショナルな名著を世に送り出し、それまでの女性の価値観やライフスタイルに多大な影響を及ぼした作家・桐島洋子を母に持つかれんさん。「不思議な冷たさと、居ると空気がピリッとする」規格外の母親は、子は放っておいても育つという思いのもと、娘を生後一週間から乳母に預け、当時勤めていた職場（文藝春秋）に復帰した。その後も子を二人（桐島ノエル、桐島ローランド）産み、一人目と同じように他所に預け、生計を立てるべく仕事に邁進した。

しばらくして、預けていた子どもを手元に戻し、生活を共にすることになってからも、母は我が子を決して子ども扱いしなかった。学校に現れたことも一度もなかった。

「小学生のときから運動会の日には私が妹と弟の分までお弁当を作り、お昼になると彼らがちゃんと友達のピクニックシートに座らせてもらっているのを確認して安心したの」

ある時には「お母様って、神様を信じる？」や「選挙はどの政党に投票するの？」と何かしらの指針を求めてかれんさんが尋ねると、「そんな事は言えないわよ」とそっけなくあしらわれた。ただしこれには理由があり、本当に大切なことほど親の意見を鵜呑みにするのではなく、子ども自身で答えを見つけてほしいという親心だったと後に知った。カンボジアの子どもに養育支援をしていたことも、後々周りから聞いた。これこそはきっと、洋子氏の真髄とも言える「ノブレス・オブリージュは、やって当たり前。他人に言うことではない」という信念によるものだったのだろう。一見すると破天荒とも思われる母の言動には、れっきとした筋道が通っていたのである。

しかし、多忙な母を恋しく思う日々は、かれんさんが小学6年生の時に一変した。「あなたの人生で最も大事なものだけ、これに詰めなさい」とスーツケースをひとつ渡され渡米することに。気づけば一年間、母は三人の子どもたちと、まるでそれまでの空白を埋めるようにみっちり毎日を共に過ごした。しかし、その後はまた彼女らしさを取り戻し、子どもたちをアメリカに残し、日本で再び働くべくひとりで帰国してしまった洋子さん。子ども側からすれば、生まれた時からの波瀾万丈物語が、結果的には『渚と澪と舵』や『マザー・グースと三匹の子豚たち』といった名作の中で克明に描かれているのだから、貴重な経験の連続でありながらも、なんとも切ない心持ちだったであろうと察する。実際、かれんさんはその複雑な心境から、大人になるまで母の書いた本を読むことができなかったそうだ。

帰国後、横浜のインターナショナルスクールに入ると、ティーンエイジャーかれんの目には、「先生はホントのこと言わないし、同級生と感覚も合わない」と学校が窮屈に映った。気づけば朝、制服を着て学校に行き「おはよう」だけ言って、一人で渋谷や原宿に行き散策して過ごすように。俗に言う群れる不良とはだいぶ違い、それを彼女は「静かな反抗、明るい自閉症」と振り返る。そして、「当時はあまりの自由を恐れていたし、早く自立しないとって駆り立てられてた」と、弱冠二十歳で母親からの経済的自立を果たした真意を語った。

しかし、その意味では、母が子に抱いた「世界のどこにポンと置いていっても、一人でたくましく生きていける子になってほしい」という願いを体現してしまったのかもしれない。

「人生は市松模様」と表現するかれんさんは、「やっぱり自由奔放な母を持った娘は、安定を望んだということかな」と客観視した。彼女が母を評す時は、いつだって冷やっとドライだ。けれどもほんの時折、垣間見える母への憧憬には、時空を超えた壮大さを感じる。洋子さんの先祖代々から受け継ぐ知性と美意識の豊かさや、家族にこだわらない代わりに仲間や困っている人をこよなく大事にする一途さは、しかと娘にも継承され揺るぎない誇りとなった。

やがて、それまであらゆる決断を母親に相談や報告してこなかった彼女は、夫と結婚する前日にふたりして母の元を訪れた。

「明日、結婚します」

それはきっと、自分で歩く力を見事に授けてくれた母に送った、深遠の感謝と敬愛の印だったに違いない。

「大きく捉えると、自分も母に似ているところがある。自由を子に与えるのは当たり前と思って育てているし、もし子どもが倒れたら後ろで支えたいという思いもある。也哉ちゃんとも通ずるところがあるかもしれないけど、とても変わっている母親を持つという意味ではグレートマザーコンプレックスがある。ただ、母は聖母でも毒親でもない、ギリギリのところで子への距離感をほどほどに保ってくれた。だから、芯の部分では苛《さいな》まれてはいないのかもね……」

洋子さんはよく人生80年として、それを時計に置き換えて話したという。例えば生まれたての赤ちゃんは夜中の0時スタートで、20歳は朝6時、40歳はお昼頃、50歳はちょうど15時のおやつの時間というイメージで。ということは、かれんさんは今、ティータイム真っ只中。四人の子育てもほぼ終盤を迎え、自らたどった道を現時点から振り返ると、どんな景色が見えるのだろう？

「幼い頃は、人と違うことが嫌だった。親が有名人で、ハーフで、背丈も小学生で170センチあって、いじめもあった。それに、愛情不安の部分は大人になっても顔を出すしね。だから、子や動物や植物を〝育てること〟で救われている部分が大きいと思う。私にとってはセラピーみたい。足りないものは自ら補ってバランスをとってきたし、自分の世界を作ることで自分を守ってきたのかもしれない。50代になった今は、自分の能力と限界がわかってきたから、人を羨んだり、何かもっとできるんじゃないかというもがきがなくなって楽になってきた」

かれんさんの日記が添えられた、上田さんの2006年の写真集『at Home』を開くと、むしょうに胸が締めつけられる。かれんさんの歩いてきた道をわずかでも知った気になっているからか、その何の変哲もないささやかな幸福の日々に、なんだか泣きたくなる。彼女が子どもたちと屈託なく笑う顔も、怪訝そうにレンズを見据える表情も、もう1ミリも残らず力を出し切り寝入る姿も、そのすべての軌跡が彼女の美しい証なのだ。

4月27日
うーちゃん、今日はおやすみです。
午前中はお庭をお掃除。午後、もーちゃんとお庭でみず遊び。水に一番興味があるみたい。うーちゃん、もーちゃんを撮影。一色海岸でもーちゃん、鳩を追う。
えび、ごぼう、にんじん、ねぎの揚げ団子。きゅうりのたたきのサラダ。

1月20日
私がもーちゃんを抱っこしようものなら、嫉妬ではんなが大泣きする。もーちゃんだって、まだまだ私にベタベタしたい。

でも、はんなが泣くから私も遠慮しちゃったりして、もーちゃんとのスキンシップが少なくなってしまったように思う。

もーちゃんも、よく分かっていて、授乳している私の後ろに回り、おんぶの格好で、はんなに刺激を与えないよう、自分なりに甘えている。

10月15日

「たりんが死んでいる」という報せが届いたのは、学校行事の手伝いをしているときだった。走って家に帰ると、寝室のベッドの上でたりんは、朝、私が家を出て行った時のままのかっこうで、動かなくなっていた。硬くなってしまったたりんの身体に触れ、まだ残っているわずかな温かみを感じた時、それまで抑えていた涙が嗚咽《おえつ》とともに溢れ出てきた。「一緒にいてあげられなくてごめんね」と、泣きじゃくりながら、たりんの隣に寝そべり、ずっと身体を撫でてやった。私がスポイトでミルクを与え育てた子猫が、１００歳のおばあさんになって死んでしまった。

かれんさんとの対話を終え、帰りがけに見た情景が頭から離れない。家族のいない昼下がり、灯りの消えた食卓に、彼女が生けた紅紫色の芍薬《しゃくやく》が、こみあげるように咲き誇っていたそのカット――。

きりしまかれん／１９６４年神奈川生まれ。モデル。ファッションブランド「HOUSE OF LOTUS」クリエイティブディレクター。86年に大手化粧品会社のイメージキャラクターに起用され一躍脚光を浴びる。以降、俳優、歌手、ラジオパーソナリティとマルチに活動。93年に写真家の上田義彦氏と結婚、四児の母でもある。

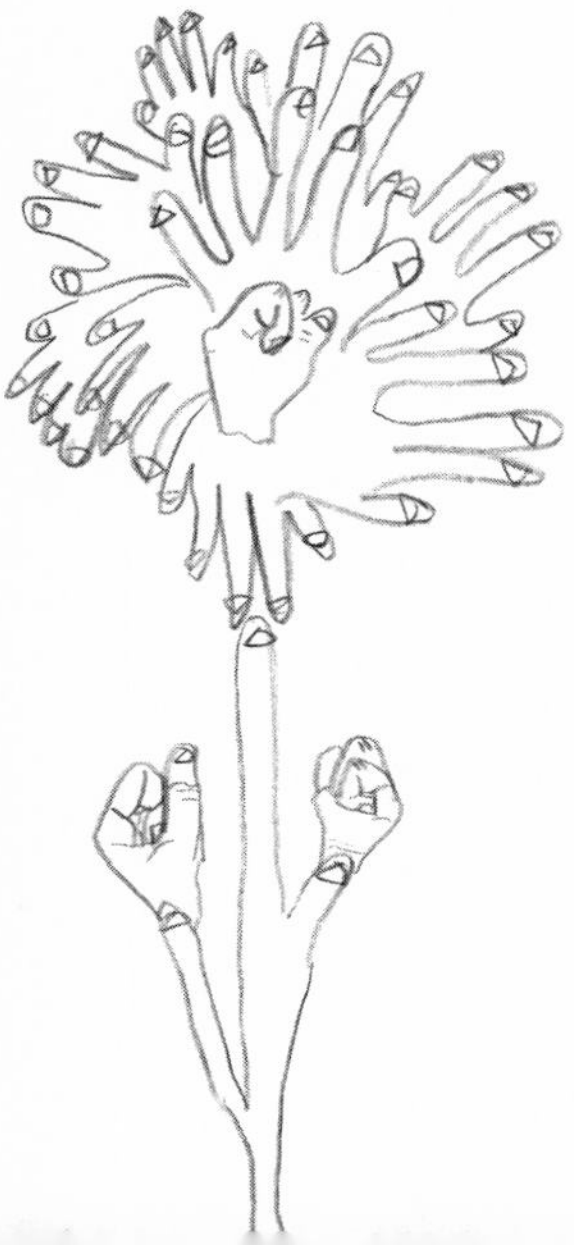

石内 都

unseen beauty

2021年8月　石内邸にて

まぶたを閉じても白熱の太陽が分け入ってくる眩しい日、私は群馬県桐生市に向かって車を走らせていた。密集した都会のグレーから、人も建物も鳥も空も、みるみる水色に透き通り、つやを帯びていく様が車窓の外で加速する。けれど、この高揚感は景色の変化だけが原因じゃない。

「今から、私は写真家の石内都さんに初めて会いに行くんだ」

その作品は世界の名だたる美術館が所蔵する。人の皮膚や遺品を撮り続ける人。私はひとりで見知らぬ土地のその人のアトリエを探し、その人はひとりで見知らぬ私を待っている。1億2622万分のふたりが、ぽつんとまだ見ぬ互いを想像する瞬間の胸の高鳴りなのかもしれない。やがて、握りしめた紙に書かれた住所にたどりつくと、そこには漆黒の焼杉に覆われたモダンな平家が……。表札はない。やや背筋を伸ばしてインターホンを押すと、中から颯爽と石内さんが現れた。

石内　桐生まで、遠路ようこそ。
内田　時節柄、人と接触しないように、車でノンストップでまいりました。2時間ちょっとの道のりをワクワクドキドキ、ちょっとヒリヒリしながら。
石内　『なんで家族を続けるの？』（内田也哉子・中野信子の共著）を読みましたよ。ああ、あのお父さんとお母さんか。それは大変だったろうなと（笑）。
内田　はい、大変でした（笑）。
石内　内田裕也さんのステージは中学生の時に観たことがあります。有楽町の駅前にあった日本劇場で毎年行われていた日劇ウェスタンカーニバル。
内田　わあ、そうでしたか。今でいうフェスですよね。中学生でロックのフェスなんて、おませですね。
石内　生まれは桐生だけど、育ちは横須賀だからね。ラジオでアメリカンポップスばかり聴いて育ったの。ポール・アンカとかニール・セダカとか。でもプレスリーは好きじゃなかった。そのうち、イギリスではビートルズがデビューして。
内田　ビートルズは好きでしたか。
石内　嫌い。でも、１９６６年の武道館公演は行きました。
内田　あら（笑）。父が前座で出ています。伝説のコンサートですね。
石内　だからチケットは今でも大切に持っ

ています。裏に感想が書いてある。「あまりよくなかった」って（笑）。

内田　キビシい（笑）！　石内さんは写真を撮るというのは「ものとの距離を測ることだ」と書かれていますが、当時から冷静にものごとを見る眼差しをお持ちだったんですね。

石内　当初優等生的だったビートルズより、不良っぽいローリング・ストーンズやアニマルズのほうが好きだったんですよ。

内田　あ、父も本来はそっち系だと思います。

石内　私がどんな眼差しを持っていたかというと、明らかに日なたより日陰が好きで、人が避けて通るようなところを見たいと思っていた。少しひねくれていたのね。

内田　お母様とはどこかギクシャクされていたようですね。先ほど、ちょっとヒリヒリしながらこちらに伺ったと言いましたが、石内さんの写真集『Mother's』や『都とちひろ』を拝見してそう感じたんです。私も母との関係が「母と娘」というより「個と個」であることを強いられ、冷めた距離感がありました。石内さんはどういう感覚だったのか、お聞きしてもいいですか。

石内　もちろん。私は父が24歳、母が31歳の時の子どもなんです。幼いころ、お父さんは若いのに、なんでお母さんはおばさんなのかと（笑）。

内田　子どもってシビアだから（笑）。

石内　明らかにお父さん子だった。二枚目だったのね。

内田　お写真拝見しました。背も高くてシュッとしている。

石内　母は18歳で運転免許を取ってタクシーやジープやトラックの運転手をした働き者で、父の3歩後ろを黙って歩くような人でした。一方の父はなるべく働きたくないという人。私は、母は父にもっと言いたいことを言えばいいのにと思っていた。今になって考えてみれば、母は7つ年上だし、父とは再婚だったので、父にすごく気を遣っていたのでしょうね。

内田　石内さんのお父様は学徒出陣で召集されて、復員後は大学に戻って、その学費はお母様が稼がれたんですよね。うちも母が大黒柱で、一緒に暮らしていない父の経済的な面倒をみていましたから、シンパシーを覚えます。

石内　母はあまり自分のことを語らず、95年に父が71歳で急逝して、その5年後に母も死んじゃった。もう少し母とちゃんと話をしようと思った時には、もういない。どうしようと思いつつタンスを開けたら、母の下着がいっぱい出てきた。それで彼女が遺したものを一個一個撮ることで母を理解しようと、『Mother's』という作品ができ上がったんです。

内田　ちょうど3年前になりますが、母が「ご臨終です」と言われ、ついさっきまで会話を交わしていた人が、ほんの束の間に他界した瞬間、私は目の前の母は母じゃない、母の抜け殻が怖いと思ってしまいました。

石内　物体だもんね。

内田　駆けつけてくださった人が母の頬を触って、大声で呼びかけたり、泣いたりするんだけど、よくあんなことできるなって思ってしまったんです。自分の冷酷さにゾッとしました。母の遺品はその後、「樹木希林展」として全国を回ったんですが、その時は母が旅しているんだという気持ちになりました。むしろ〝もの〟のほうに母を感じたんだと思います。だから、石内さんが服のことを「第二の皮膚」と書かれていますが、私は母が着ていたものは生々しくて、他界後すぐはなかなか直視できなかった。でも石内さんは私と違い、お母様の下着、洋服、口紅に一つひとつ向き合って撮影している。どういう気持ちで撮っていたんですか。

石内　簡単。だって、本人はこの世にいないので身につけていたものたちと対話をするように。

内田　本人と向き合うより、むしろ精神的には楽だったということですか。

石内　そのとおり。それはこっち側の問題なんですよ。ものというのは動かず、何も語らず、ただそこにあるだけでしょう。こっち側の私がどういうふうに思い込むか。それを形にしていくということなんです。

内田　だから石内さんが撮った〝もの〟の写真を見ると、すごく温度とか湿度みたいなものが伝わってくるんですね。ヘアブラシに絡まった髪の毛とか、入れ歯までありますね。

石内　入れ歯がいっぱいあって。

内田　そんなにいっぱいあったんですか。

石内　でも入れ歯は口がないと役に立たないでしょう。ブラシだって髪がないと役に立たないし、靴だって足がないと要らない

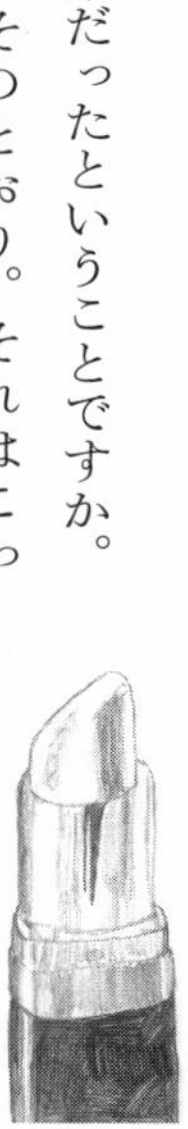

© Ishiuchi Miyako「Mother's #49」

じゃない。〝もの〟たちってかわいそうだなと思った。
　それは『ひろしま』を撮っていても思ったことです。2007年から広島の原爆犠牲者の遺品を撮り続けていて、母の遺品がそうであるように、広島の遺品も無名の遺品たちです。それらがずっと大切に保管されているけれど、「いつまでも保管されて、大変だね」って語りかけるような気持ちで撮っています。だって、人間は絶対消えるわけだけれど、ものたちは消えることができないから、人間より永遠を持っているんです。それはちょっとかわいそうでしょう。
内田　確かにエターナルですね。お母様の遺品は、まだお持ちなんですか。
石内　写真を撮って処分しようと思って撮ったんだけど、捨てる機会を逸してしまった。特に靴が捨てられなくてね。小っちゃくて私には履けないから持っていても仕方がないのに（笑）。
内田　私の母はものを持たない人でした。たとえば、家じゅうにハサミは一つしかない。だから使わないものをいつまでもとっておかないようにと教えられたはずなのに、私は遺品をまだ処分できず、どうしたものかなと思っているところです。
石内　そのまま持っていていいんじゃない。処分する時って絶対あると思うから、その時に考えればいい。
内田　そうか。人が決めたタイミングじゃなくて、自分の中で「今だ」っていうの

があるんですね。

石内　あなたはまだ3年でしょう。私なんか母が亡くなって20年も経つのに、あれを聞いておけばよかった、これも聞いておけばよかったと、まだグジュグジュ言っている。ただ、亡くなってからわかったこともたくさんあります。結婚前の母のことはあまりよく知らなかったのだけれど、実は自立していた人だったのだなあと思う。

母は小学校を卒業すると、実家にお金がないから子どもがいない親戚の養女になって女学校に行かせてもらうことになった。ところが、その親戚の家の番頭さんと結婚させるという約束があると知り、逃げ帰ってきたんですって。それで、手に職を付けようと車の運転免許を取った。

内田　自動車学校の卒業写真は、お母様以外は全員男性ですね。

石内　母は群馬県で女性で2人目です。

内田　その前に1人目がいたんですか。

石内　第1号は大金持ちのお嬢様で、免許は取ったものの運転はしていない。母は仕事の為の免許ですから取ってすぐにバスやハイヤーやジープなどあらゆる車の運転手をした。母が勤めていたタクシー会社がまだあるんですよ。『Mother's』ができ上がった時に訪ねたら、社長が母をよく覚えていました。彼は当時小学生で、女性ドライバーは母1人だったから記憶に残ったんですね。そのタクシー会社の共同経営者の人がどうも母のことが好きで一緒になりたかったらしいけど、母は断ったんですって。それですぐに辞めちゃったそうです。

タクシー会社を辞めると出稼ぎのために

満州に渡り、結婚をしています。夫はまもなく出征し、そこで群馬の実家に帰り、トラックの運転手として軍事物資の輸送に携わった。そして学徒出陣して群馬の飛行場で兵役に就いていた父と知り合うんです。この時、母は28歳だから父は21歳ね。終戦の1年前のことです。

ところが終戦の翌年、戦死したはずの夫が生きて還ってきたんですよ。母は既に父と一緒に暮らしていて私がお腹にいた。

内田 戦争が生んだ悲劇。

石内 当時、そういうケースがよくあったんですよ。母は慰謝料を払って夫と別れ、母の実家が後妻を世話して、1ヶ月後に私が生まれた。私は母の男選びはよかったのではないかと思う。番頭さんも断って、次のタクシー会社経営者も断っている。男の人の経済力に頼ろうと思えば頼れたのに、それをしなかった。父に出会って、戦死したはずの夫が戻ってきても父を選んだ。

内田 そう言えるって素敵ですね。なかなか娘が「あの父親を選んだ母はいい」って言えないですよ。私なんか「なんであのお父さんを選んだの」って母をいつも問いただしていた口だから(笑)。

石内 ドラマチックなようだけど、母は無口で自分を主張せず、自分の意見を言わない人だったと思っていました。

内田 行動はすごく積極的に見えるんですけど、醸し出されるパーソナリティというのは地味だったんですね。

石内 それが、私がこうあってほしいと思う母親像じゃなかったのね。だから、何となく母には反発していたのだと思う。

内田　わかった。それは反発じゃなくて、お母様の佇まいを何だか気に入ってなかったのね。
石内　そうかもしれない。母が亡くなった後に見つかった若い頃の写真は、けっこうセンスのいい洋服を着ていて格好いいんですよ。私が知る母とは違う。どうして結婚後もそうしてくれなかったんだろうと思った。父は東京の人だから、すごくきれいだし、オシャレだったのに。
内田　石内さん、美しい人が好きなんですね。
石内　いけないよね（笑）。
内田　お母様がジープと写った写真もありましたね。
石内　横須賀の米軍基地で撮られた写真ね。父は戦後、友人と事業を起こしたんだけど失敗して借金を背負った。その返済のために1950年、横須賀にある占領軍の自動車の修理工場に単身赴任したのね。その3年後、私が小学校に上がるのを機に私たちも横須賀に転居して、追浜《おっぱま》の6畳一間のアパートで暮らし始めた。父の勤め先に米軍基地の「女性ドライバー募集」の貼り紙があったのを見て母が応募し、採用されたそうです。
内田　どうして女性限定だったんだろう。
石内　プロパガンダですよ。アメリカ軍は日本の女性を雇って一生懸命日本のためにやっていると広報するため。だから採用後は写真を撮られて広報に使われて、1年で解雇になったけどその時の写真がたくさん残っていて楽しそうだった。米軍基地に勤めていた時に近所から受けた差別についても、やはり母は何も言わなかった。
私も社会勉強は横須賀時代に全部やったと思う。住んでいたのはスラムみたいなところで、いろんな事件が起きるの。たとえば、私たちが住んでいるアパートの前の魚屋さんに優しいお兄さんがいて、近くの山で殺人事件が起きたんだけど、犯人はそのお兄さんだった。隣の部屋に住むおばさんは詐欺師だった。すごくおとなしい夫婦は、沖縄から駆け落ちして来た人たちで、子どもの私には駆け落ちがよくわからなかったけど、見つかってひと騒動あったらしい。

内田　波乱万丈な人生に囲まれていたわけですね。

石内　でも、すごく楽しかった。あの横須賀時代があったから今の私があるんだと思う。人間ってすごいな、変だな、おかしいなっていうことを実地でたくさん学んだから。その分、本は一切読んでこなかったの。勉強も嫌いだった。特に数学がわからなかったなあ。

内田　私も同類です（笑）。

石内　それがつい最近、数学に興味を持って、数学は美しいっていうけど、どういうことなのかなと思ったんだよね。そうしたら森田真生君という若い数学者が数学のライブをやっていたり、『数学する身体』という彼の本を読んだら目からうろこで、そこから本を読むのが大好きになった。私は恨みつらみを忘れないタイプなんだけど、でも、滓《かす》みたいにグズッと残っているものは取り除いたほうがいいじゃない。

内田　なんでそれがくすぶっていたのかというのを知りたいんですよね。

石内　そうそう、そういうことね。今では読書会をやって、フランクルの『夜と霧』から、斎藤幸平さんの『人新世の「資本論」』、藤原辰史さんの『トラクターの世界史』までジャンルを問わず読んでいるの。

内田　あ、藤原さんの『食べるとはどういうことか』を読みました。子どもの食について書かれている本。

石内　それも読んだ。面白いよね。横須賀時代に遠ざけていた読書にすっかりハマっています。

内田　私には横須賀の忘れられない景色があるんですよ。母を亡くしてだいぶ時間を経てから所用で横須賀を訪ねた時、佐島で美しい夕陽を見たんです。母は私が子どもの頃から、どこにいても、やっていることを全部中断させてでも、私に夕陽を見せていました。それはもう、見ないと罪ぐらいの勢いで。めんどくさいなと思っていたのですが、佐島の夕陽を見た瞬間、母が何を感じていたのか、あるいは子どもに何を感じてほしかったのかを感じ取った気がしました。母と対話ができたという気持ちに近いのかな。

石内　ああ、そうだったんだ。

内田　石内さんは、4畳半一間と6畳一間のアパートの写真を撮った初めての写真集『APARTMENT』とその写真展で79年、32歳で女性初の木村伊兵衛写真賞を受賞しました。27歳の時に知人からカメラと暗室道具を預かり、「自由に使っていいよ」と言われたところから写真を始めたということですが、以前から写真に興味があったんですか。

石内　ぜんぜん（笑）。もともとグラフィックデザイナーを志して、一浪して多摩美術大学のデザイン科に入ったけど挫折。織物に転向して、それもうまくいかなかった。暗室道具を預かったのはグズグズくすぶっていた時で、じゃあやってみようかなということで独学で写真を始めたの。そうしたら褒めてくれる人がいたので驚いちゃった。

内田　すごい。あんな権威ある賞を独学の末に女性初で獲ってしまった。当時の世の中の反応ってどうでしたか。

石内　当時は各地方に写真の倶楽部があって、大阪の倶楽部に招かれたんですよ。その会合が「美々卯」であるっていうから、それはいいなと思って出かけたの。

内田　ああ、うどんすきのお店ですね。父が大好きでした。

石内　そうしたら化粧室にいた時、「なんであんな馬の骨みたいな女に賞をやるんだ」って話しているのが聞こえたのよ。私、どうしたと思う？　帰っちゃった。

内田　かっこいいな。

石内　どこの馬の骨呼ばわりされたら、そのぐらいやらないとね。でも、美々卯のうどんを食べられなかった（笑）。

内田　あらら。

石内　木村伊兵衛賞の賞金は袋ごと父に渡しました。『APARTMENT』とその次に出した『絶唱、横須賀ストーリー』は、父に「結婚の費用があるんじゃない？」とか言って制作費用の３００万円を出してもらっていたのでね。でも、当時の賞金は30万円だった。

こうして私は写真を仕事にしたものの、

やっぱり向いてないんだよね。スタジオ撮影をしたことがないし、照明もやったことないから、仕事をやっていてもよくわからないの。で、私は仕事のオファーは25年間、一切受けなかった。

内田　ええっ、25年間も。

石内　自分の好きな写真だけ撮っていた。40歳の時に同い年の女性の手と足を撮って、それが一つのターニングポイントになったかな。

内田　なぜ手足を。

石内　生きていくうえで、手と足は過激な場所だから時間が溜まっていると思った。だから、写真には手と足が写っているけど、実は40年間の時間を撮っているんですよ。それから被写体が身体になり、『Mother's』の母の傷跡の写真につながっていくんです。

内田　お母様は64歳の時に天ぷらを揚げていて、油に火がついて大火傷を負ったんですよね。その傷跡を撮ったわけですが、お母様は嫌がりませんでしたか。

石内　その前に何度か撮ったことあって、最初は嫌がっていたけど無理やり撮ったんだよね。

内田　無理やり？　いいの？　無理やり？

石内　だから、それはぜんぜんいい写真じゃないんだよ。結果的に最後に撮った写真になったのが亡くなる9ヶ月前に撮ったもので、この時は「私は他人の傷跡を撮っているので、お母さんの傷跡も撮るのが当たり前じゃない？」と言ったの。

内田　ロジカルに聞こえるけど、私がお母さんだったら断る（笑）。

石内　そう思うよね。でも、「いいよ」っ

てスッとパジャマを脱いだのでビックリしたの。もしかしたら、死期を悟っていたのかもしれないけれど、撮られることに納得してくれた。だからいい写真が撮れた。写真は本当にコミュニケーションみたいなものだから。

内田　世界的な舞踏家の大野一雄さんも撮っていますね。

石内　その当時は男の身体の傷を撮っていたんです。傷を撮るけど、傷がない人にはヌードになってもらうという、へんてこりんな条件で。そうしたら、大野さんは傷がないっていうから脱いでもらった。

内田　全裸ですか。

石内　そう。それまで大野さんの全裸を撮った人はいないんですよ。大野さんがだんだん踊り始め、さらに後日もう一回撮らせてくれた。2人きりで撮ったのよ。

内田　それはとても親密な瞬間。

石内　大野さんの肉体に導かれるようで崇高な感じがしました。

内田　肉体とか皮膚とか傷とは、石内さんにとって積み重なっていく時間そのものなんだ。だから、いわゆる秒針の時間には興味がなくて、本当に肉体に影響を残したものというのを探ろうということなんですね。

石内　時間の形って見えないじゃない。傷跡を撮って、時間の形だなって思っちゃったの。傷跡というのは生きている証拠ですよね。すごく美しいと思った。私は美しいものが大好き。ただし、美しさというのは個人個人みんな価値観が違うから、私が美しいと思ったものをほかの人が美しいと思うかどうかは別なの。それはしょうがない。

美醜の問題っていつも裏表だから、そこをどう考えていくかということは大事です。

内田　頼まれた仕事を再開したのは？

石内　きっかけは母の遺品を撮った『Mother's』なんですよ。フリーダ・カーロという47歳で亡くなったメキシコの女性画家がいるでしょ。2005年のヴェネチア・ビエンナーレで『Mother's』の個展を開いた時、フリーダ・カーロ博物館の学芸員がそれを観て、私にフリーダの遺品を撮ってほしいと依頼してきたの。東京では『Mother's』の凱旋展を観た編集者が「広島を撮りませんか」と言ってきたから、どちらも母が呼んだのね。

内田　それが『ひろしま』ですね。フリーダのピンクの靴や鮮やかな刺繡のスカートは、スタジオでライティングして撮影したんですか。

石内　メキシコのフリーダ・カーロ博物館で、トレーシングペーパーを敷いて、そこに遺品を乗せて、すべて自然光で、手持ちで撮ったんですよ。だってライティングの仕方がわからない。いまだにやったことないんだもの。

内田　わあ、潔くて何だかかっこいいなあ。

石内　そもそも私にとって表現方法は何だってよかったの。たまたま暗室とカメラがあったから安易に始めたところ、暗室にこもって写真を焼くという行為がとても新鮮で興味を持った。

内田　え、そっちですか。

石内　撮影は今でも嫌い（笑）。でも、写真を撮らないと暗室に入れないから、しょうがないから撮影する。私、基本的に写真は写ってなくてもいい、という考えなの。変でしょ。

内田　石内さんはあくまでも自由な意志で、物事をはっきりさせて、どんどん進みたいという性格ですか。

石内　私は自分がどうやって生きるかということの一つの表れとして写真を撮っているわけですよね。そうすると、ある程度明快な何かを持っていないと作品はできない。そういう意味で、私は中途半端が嫌いなのね。生きていくというのは選ぶということだからね。その選択というのは無理やりにはできなくて、選択せざるを得ない状況になるわけだよね。その時に、右と左のどっちを選ぶかは感覚みたいなもので、それが本当に正しいかどうかはわからない。自分が選んだこと、自分が決めたことは自分が全責任を取れるから面白いの。

あなたは19歳で結婚という選択をした。私も彼とは学生時代からの付き合いで、籍を入れないという選択をしてもう50年ぐらいになる。そして60歳の誕生日に決めたのは、誕生日を祝わないということ。

内田　なんでですか。

石内　いちいち３６５日で一つ年取るのはおかしいなと思い始め、年を取る時は自分で決めようと思ったの。

内田　私は小さい頃、一度も誕生日を祝ってもらったことがないんです。誕生日が祝日なんですよ。学校も休みだし、友だちとも会わないし、母も忙しいし。

石内　お父さんはいつもいないし（笑）。

内田　だから、大人になってお誕生日を祝ってもらうのが夢だった。

石内　うわ。
内田　石内さんのパートナーの男性は桐生にいるんですか。
石内　東京の私の部屋に居候している。男はずっと働いてきて社会的にすごく価値あるものと思っていたのが、そうじゃないのではないかと自分の男性性を疑ったりする男。面白いから飽きずに一緒にいられるんですけどね。
内田　社会的に植えつけられる感覚から相当はみ出ていますよね。
石内　私、男は何人も養いたいと昔考えていた。だって、女性は働くのが好きじゃん。
内田　男性も好きなんじゃないですか。
石内　男の場合は社会的なある種の価値と義務みたいなもので働いている気がする。私、男には同情的なの。なんかかわいそうだなと思って。
内田　それって母性本能ですか。
石内　いやいや、そういうのではない。それは社会的な問題として、女は初めから価値もへったくれもない。だから何をやったって自由だけど、男は生まれた時から「お前は男だ」と言われ、そういう価値の中で大きくなる。今、それは変だと思う男も増えているよね。
　こういうふうにいろんなことに気づき、面白くなったのは60歳からですよ。知らないことがまだあるという気づきもいっぱいある。うれしいですよ、こういうふうにしてあなたも来てくれるし。
内田　ありがとうございます。
石内　目下、スカジャンづくりに夢中でね。
内田　ええっ、派手に刺繍の入ったジャン

パーですよね。
石内　横須賀のドブ板通りで売っているでしょ。実は桐生で作っているということがわかったの。私の個人史のようなもので、着物をたくさん持っているので、スカジャンにリメイクしようと思った。
内田　わあ。実は、母はものは持たないのに、着物だけはたくさん持っていたんですよ。
石内　全部スカジャンにしちゃおう（笑）。若い男の子たちと一緒に作っているんだよ。読書会も彼らと始めたの。私はもう私より年上のやつとは話さないと決めた。例外の人もいるけどね。同世代も要らない。だって、つまんないもん。
内田　年を重ねるごとに、そぎ落とす部分が明確になってきたということですか。
石内　そう。だから年を取るのはスッキリと無駄がなくて面白いよ。

彼女は、美しいものが好きだと言った。確かに、石内都という人が呼吸した息にしか呼応できない刹那がある。きっと「美しい」とはそのことであり、写真に宿ったその容易に目には見えないものにこそ、圧倒されるのだ。

帰り道、私はなんだか胸が押しつぶされそうになった。心が震えるものと出会うためには、もしかすると、それ以上の暗闇と向き合わなければならないのかもしれない。またそうでなければ、その奇跡をも見逃してしまうだろう。彼女ほど、生きることへの探究心を抱え、腰が抜けるほど正直な人とは、なかなか出会えるものじゃない。そして、美しいものに投影される凄まじい感情に出会った瞬間、私は生きることの果てしなさに打ちひしがれてしまったのだ。

「さて、あんたはどうする？　ほんとに美しいものを見る覚悟はある？」

誰の声でもない問いが、〝青の時間〟に差し掛かった桐生の空に放り投げられた。


いしうちみやこ／１９４７年群馬生まれ。写真家。多摩美術大学で染織を学んだ後、独学で写真を始める。77年、『絶唱、横須賀ストーリー』を初個展で発表。79年、『APARTMENT』で木村伊兵衛写真賞を受賞。２００５年にヴェネチア・ビエンナーレ日本館代表作家として選出。14年、ハッセルブラッド国際写真賞受賞。

ヤマザキマリ

a flash in the dark

2021年10月　ホテルラウンジにて

「いってきまーす」

「いってらっしゃい」

毎朝8時に次男を学校付近まで車で送り、ドアがバタンと閉められた途端、私のひとり時間が始まる。青春時代にカセットテープがすり減るほど聴いていたベタな曲を車内に轟かせながらコーヒースタンドに向かい、ラテを買って川沿いのベンチに腰掛け、水面にはらはら、微細に反射する朝日をぼうっと眺める。ほんの10分だけでも、この束の間の早朝ひとり時間があるのとないのとでは、その一日の風向きが随分違ってしまうのだ。

ただ、せっかく前向きに一日のスタートを切っても、哀しいかな、現実はなかなか一筋縄ではいかない。私には子どもの頃から「魔の思考」という不穏なひとときが、わりと定期的に訪れる。これが忍び寄ると、もう何をどうしようとらちがあかない。母は生前、「幸せの中にあるブラックホール」とか「消えない虚無感」に20代で向き合ったことを話してくれたが、私にもその部分が見事に継承されている。たとえ家族や友達でさえ、このどうにも埋まらない底なしの穴を紛らわすことはできない。ひたすら、この息をするのも苦しい感覚が通り過ぎるのを待つしかないのだ。

彼女の作品と出会ったのは、そんな私の漆黒期のことだった。本というのはつくづく不思議なもので、3冊読んだだけでも、これから初めて会うヤマザキマリという作者の内側をまるで隅々まで知り尽くしているように錯覚してしまう。しかも、自分の心が飢えているときに出会う本は、また格別の親密感を増幅させた。

1冊目は漫画『イタリア家族　風林火山』。マリさんが留学先のイタリアで恋に落ちて一緒に暮らした詩人の恋人とは、彼の子どもを産むと同時に別れを選ぶ。子どもを育てるために初めて描いた漫画を出版社の新人賞に応募する。かつて旅先で知り合ったイタリアの老人の遺族を訪ね、孫の大学生から熱烈なプロポーズを受けて結婚する。夫の大家族との日常のてんやわんや……そんなドラマチックなイタリアでの実体験を描いた物語には、逐一驚かされ、笑わされっぱなしで、私の強張《こわば》っていた口角は、気づけばすっかり緩んでいた。

続いて、ひとり息子との日々を綴った『ムスコ物語』には、親子という枠にはおさまりきらない、人が人を想う醍醐味がよどみなく描かれていた。シングルマザーとして息子を育てていたマリさんが35歳の時にはじめて結婚し、やがて一家で世界中（イタリア、シリア、ポルトガル、アメリカ）を転々と移住。あまりに突飛な人生の展開と、登場人物の賢さ、そして、ときには図らずもの残酷さが痛快すぎる。

巻末に収められたムスコ自身による「あとがきにかえて『ハハ物語』」では一転して、文字が霞むほど涙が止めどなく溢れた。読み終えてしまうのがもったいなく、一文一文を反芻《はんすう》しながら読み進めた。自分でも不思議なほど私が彼にシンパシーを抱くのは、破天荒な精神を持つマリさんと私の母が、どこか重なるからだろうか……。

そして、マリさんの母の人生と自らの子ども時代を綴った『ヴィオラ母さん』では、極彩色ゆたかなマリさんが出来上がったわけがとてつもなく腑に落ちた。両親と絶縁状態で未知なる地・北海道へひとり向かったマリさんの母。新設されたばかりのオーケストラでヴィオラ奏者として活躍し、同じ音楽家（指揮者）と結婚し、マリさんを産んだ。しかし、早くに夫とは死別し女手ひとつでマリさんと妹をたくましく育てる――。

「1ヶ月ドイツとフランスを旅して、ルーブル美術館を見てきなさい」

絵描きになることを夢見る思春期のマリさんは、母親にそう命じられた。14歳の彼女は、このひとり旅から、早くも人生の真髄を教わった。それは「この世に頼れる人間は私しかいない」ということ。

初めてのルーブルは、たとえ貧しくても、耳を切り落としても、絵を描き続けた人たちの作品が、何百年もの時空を超えて彼女の目の前に存在した。進路指導の先生が言い放った「絵では食べていけない」という通説について、作品と対峙しながら自分なりの考えを模索した。生きるために、お金にならないことをしてはいけないの？

少女マリの答えはNOだった。わかりやすい結果が伴わなくとも、どうしても絵を描きたいから描き続けてみるという生き方があってもいいんじゃないか。そのためには、苦労も惜しまない。そんな覚悟が彼女の中に芽生えた。その感覚は、彼女の母が音楽の道に生きると決めた時のそれと寸分違わないのかもしれない。

そんなことを考えながら、よく晴れた日の昼下がり、本物のマリさんに会いに行くと、出会った瞬間、どこか懐かしささえ覚えてしまった。だから、のっけから迷うことなく、ちょっと奥まった問いかけをしてしまうのだ。

——それにしても、マリさんはあまりに過酷な中、たくましく生きてこられたけれど、ふとした瞬間、心の穴のような虚無感を覚えることはあるんですか?

「いやぁ、それはもちろんありますよ! 富士山の風穴みたいなの。そういう時は、あぁ、また来たなとまんべんなく浸る。今は俯瞰できるようになってきましたね。ウィルスじゃないけど、寂しさとは共生していくものだなって。だから避けないで受け入れる。

辛い経験を積むことで、私は肌というか甲冑を分厚くしてきたんで。低気圧で心身が重たく感じる日は、あぁ、私は今地球と連動してるんだなぁと。人間にとって不要な機能って備わってないはずだから、自分の場合はその機能を使っているんだなって。これはこれでたくさん寂しい思いをしておくと、それなりにそこから生まれるものはあるのかなぁって思ったり」

さらなる共感を抱いた私は、またもや唐突に聞く。

――音楽というある種不安定な世界に覚悟して身を投じた、強い信念を持つお母さんに反抗したことはありますか？

「そうね、働いてる母も素敵だけど、家庭を顧みない母に『なんで家族よりも社会の方が大事なんだろう』という疑問を持ったことはあります。

反抗といえば、学校の先生から『髪は顔のフレームです』と髪型を細かく注意された時、『そんなフレームなんて私はいらない』と思って頭を丸坊主にしたことがあった。ボーダーラインがあると、どうしても越えたくなってしまうんです。その線はなんでそこにあるの？ って確かめたくなる。その頃、母も心配していろいろ言ってくるから、『娘が活き活きと生きてることが親孝行じゃん！』と言ったりしたかな」

なんともアナーキーで至極まっとう。彼女の精神を象徴する返答に、つい聞き惚れてしまった。

ところで、マリさんの夫は彼女より14歳年下で、マリさんの息子がその夫よりちょうど14歳年下という、稀なる家族構成だ。新婚当初から息子が高校生になる頃までは、家族3人でまるでノマドの如く、比較文学の研究者となった夫の赴任先である国を転々として暮らした。そのうちマリさんの仕事の比重が日本に増え始め、夫の仕事も忙しくなり、息子もハワイの大学に進んだため、共に過ごす時間が変化してきたという。

そこで、彼女独自の夫婦のあり方や、子どもとの距離感をどう捉えているのか尋ねてみる。

「そもそも夫婦で結束しようねとか、融合しようね、なんて思っていなかったから」

家族ではあるけれども、それぞれの野望があり、何もかも共有する必然性もない。お互いにやっていることを時々「がんばってるね！」と労い、必要な時に集まればよい。実際、久しぶりに再会すると、互いに打ち込んでいることを新鮮な気持ちで分かち合い、リスペクトできる。興味のジャンルは違っても、何より多様性を面白がる根っこの部分がつながっているのだ。

では、息子という存在はどうなのかといえば、一度も「こうあってほしい」と理想を描いたことがないという。
思うことがあるとするなら、子どもには羽飾りはいらない、とにかく骨格だけしっかりしていればいい。「何かあった時は私が守るからね」で終わり。あとはどうぞ勝手にもがき苦しむなり何なりしてくださいというだけ。もちろん子どもの苦しみを黙って見ているのは親として切ない。寂しさと孤独と「そばにいれなくてごめんね」という思いや、こんな世の中に産んでしまったことへの申し訳なさはある。でも、だからこそひとりで生きていけるようになれと願う。狐や熊の親子と同じで、ここぞという時には本能を稼働させなければならない。そこを人間の情で綿に包むとうまくいかない。親としては心の中の戦いだけど、ちゃんと子の命は機能するから。

そんな母は日本とイタリアを行ったり来たり。息子もアジアを巡る旅をした。ふたりともコロナによって日本で足止めされているある日のこと。Uber Eatsで出前を取ったら、2つ注文したはずのオムライスが1つしか届かなかった。息子がレストランに電話をかけ、穏やかに事情を説明するので、頭にきた母は「もっと強く訴えて！」と後ろで煽った。受話器を置いた息子が母に言ったことは……。

「あのね、ママ。あなたは今、すごい悪いものが出てるじゃない。その怒りを僕が連動して電話の相手にぶつけたら、その人が嫌な気持ちになって、料理人や配達員にも伝わるかもしれない。あなたがそこで我慢すれば、4人が嫌な気持ちにならなくて済むんだよ。たかだかオムライスを30分遅く食べるかどうかのことで、怒っては損だよ」

それからほどなくして再び現れた配達員は、出来立てのオムライスを不足分の1つではなく2つ持ってきた。

「こういうことですよ、あんな声を荒らげたところで……。結果、温かいオムライスが1つ増えたじゃないですか」

息子が微笑んだ。これはマリ母さんの完敗！ でも、こんな筋の通った息子に育てたのは、ほかならぬ彼女なのだ。

『ヴィオラ母さん』の最終章に、マリさんは綴った。

〈ありのままに生きていて充足している人は、等身大以上の自分になろうとしない。自分はこうありたい、こういう人間であってほしい、という理想もなければ、それを叶えるために躍起になったり虚勢を張ったりすることもない。なぜなら、今の、この世に生まれた、かくある自分で十分満ち足りているからだ。（中略）たとえ社会のなかでいろいろあっても、どんな困難と向き合わされても、それでも生きることを心から謳歌する大人が家にいるのは、大変頼もしいことである。空や草花を見て「地球はすごいねえ、美しいねえ」と呟ける大人がそばにいるだけで、子供は生きるたくましさを身につけられるものなのだ。〉

マリさん自身の成長過程で軸となったのは、音楽と、大自然と、若い頃に異文化圏で過ごしたことだという。そこで、人の物差しはすべてバラバラなことを身を以て知ったのだ。彼女がなんでも面白がれるのは、はなから予定調和を信じていないから。「こうだったらよかったのに」っていう理想を掲げなければ、すべてが予期せぬ出来事として、まっさらに出会える。

その日、出会ったばかりの人間同士が、枯山水の砂に波模様を描くように、丁寧に得体の知れない何かを分かち合えた気がした。このかけがえのないひとときの終わ

a flash in the dark

りに、清々しい面持ちでマリさんが呟いた。
「なんか、生まれてきたから、生きてていいんだ……、へぇーって感じ」
この軽やかな希望と、聡明な探究心と、人間に限らず生物に対する（たとえば自宅でおびただしい数を育てているカブトムシにも！）溢れんばかりのシンパシーと、当たり前の孤独と共に生きる佇まいこそが、ヤマザキマリという人なのだ。

とっぷりと暮れた空から、雨粒がぽつりぽつりと落ちてきた。ふたりでゆっくりと歩きながら、駐車場にたどり着くと、すでにほかの車はなく、がらんとした空間に2台だけ寄り添うように取り残されている。お互いに車で来るということも知らないまま、まるでアメリカのショッピングモールのようにだだっ広い駐車場で、見事に隣り合わせて停めていたのだ。不思議な偶然に顔を見合わせたその瞬間、ピカッと光が走った。「今日はありがとう、さようなら」の声が、あっという間に土砂降りになった雨音に掻き消される。

なんだかブラックホールが稲妻に照らされて、いつになく心が穏やかであることを私は噛みしめた。

「こうして生きてていいんだ……、へぇーって感じ」

やまざきまり／１９６７年東京生まれ、北海道育ち。漫画家、文筆家、画家。東京造形大学客員教授。84年にフィレンツェに留学、国立アカデミア美術学院で美術史、油絵を専攻。２０１０年『テルマエ・ロマエ』で第14回手塚治虫文化賞短編賞受賞。15年度芸術選奨文部科学大臣新人賞受賞。著書に『ヴィオラ母さん』『ムスコ物語』『扉の向う側』など多数。

是枝裕和

still walking

2022年1月　『万引き家族』同窓会にて

母・樹木希林は若かりし頃、ひっそりと赤ん坊を産み、知人夫婦に預けた。その子の名は、裕和。

以来、母子は会うこともなく、互いの存在すらおぼろげに、それぞれの道を歩んだ。

それから14年の歳月が経ち、希林はロック歌手・内田裕也と結婚。二人の間に生まれた娘が、私というわけだ。母が亡くなるまで、兄の存在を私は知らぬまま、賑やかな家庭とは程遠いカギっ子として育った。一方、裕和も事実を知らぬまま健やかに成長し、気づけば世界中の映画人から「いつか一緒に作りたい」と切望される映画監督となった。


やがて、監督作品6本目となった映画『歩いても　歩いても』では、実の母親とは知らずに、希林に主人公・良多の「母親役」で出演オファーをし、その後10年の間に

計6作品において〝監督と役者〟という関わりを築いた。そして、2018年9月15日、希林が生涯を閉じ、初めて裕和は彼女が産みの親であったことを知る――。

というのは、すべて私の妄想です。根も葉もないフィクションでごめんなさい。

希林と是枝裕和さんは「ものをとらえる眼」が酷似している。決して、趣味嗜好が同じということではなく、アプローチもまったく異なるが、多くの場面で、周りの人が気づきもしないところを、見逃さない。どうやら人間を描き出そうとする根っこのところで、うまがあうのだ。

母が亡くなって2年経ち、3年経ち、何気ないひとときに母との思い出話を共有してくれるのは、母と長いお付き合いだった女優の藤村志保さんと吉永小百合さんと最後までドラマの役名で呼んでいた「ブスのたけちゃん」こと椎根典子さん。そして、お付き合いは晩年の10年だけだったにもかかわらず、是枝さん。

「今日、わけもなく、希林さんに会いたいなぁ、と」

そんな彼のつぶやきに、はっと、どきっと、じわっとしてしまう。と同時に、私も。

「あれ、なんだろ、妙に母に会いたいなぁ」

女手ひとつで私を育てた母は、とにかく忙しく不在なことも多かった。幼い頃、夜中に目を覚ました私は、声が嗄れるまで泣き叫び続け、誰もいない家のベッドの上で力尽きて眠りに落ちた。翌朝、私の頬はまるで塩田のごとく、涙のあとでカピカピに白く干からびていた。そんな忘れたい思い出も、今では思う。たとえ辻褄など合わなくても、時空を超えた空の下、是枝さんなら、大人になった私がいまだに抱き続けている当たり前の孤独と母を恋慕する気持ちを、わかってくれるだろうと。

是枝さんは、社会のすみっこにいる弱者を看過しない姿勢を貫き、だから闘ってばかりいるキビシイ人と思われているようだが、いや、稀代の人たらしだ。出会う人を総じて魅了してしまう危険な人。当人にその狙いは微塵もないから、余計に危ない。一見、くまのプーさんのような人を安心させるシルエットと醸し出す温厚なオーラで、ずぅんとお腹に響く映画を作ったりする。こういうヒトって、私は他に知らない。

映画『万引き家族』のスタッフやキャストの不定期な同窓会に、時折お呼びが掛かる。確かに希林は、あの家族の一員だったが、私は何ひとつ作品に貢献しておらず「え？　ほんとに私がお邪魔していいんですか？」と二度聞きするが、是枝さんのあまりの自然体なお誘いに、ついつい出向いてしまう。内心、「まぁ、希林と顔が瓜二つなので、だるまのように置かれていればいいのかな」と自分に言い聞かせながら。

そんな時の是枝さんは、あのパルムドールを獲った組長であることを忘れるくらい、完全にみんなの「優しいお父さん」と化す。だって、子役の城桧吏くんや、佐々木みゆちゃん、それに、安藤サクラさんのお嬢ちゃんの成長ぶりに目を細めて、一緒にいちごクレープと豆乳ラテなんか頬張っちゃって、うれしそうにみんなの近況に頷いているのだから。途中で気分転換に、子どもたちと外でかけっこして、はーはー息を切らして無邪気に笑いながら帰ってくる。そうかと思えば、一応オトナの私が最近観た映画について、疑問を投げかけると、同じく淀みない眼差しで、まっすぐに応えてくれる。

私がロンドンに住んでいた頃、幾たびかカンヌ映画祭へ母の付き添いで参加したことがある。『海よりもまだ深く』という作品で行った際、目抜き通りのラ・クロワゼットに迫《せ》り出たカフェで、ぎらんぎらんなタキシードやイブニングドレスで着飾った人々を横目に、是枝さんが高校時代の後輩とお茶を飲む場に混ぜてもらうことに。なんと、是枝さんはバレーボール部のキャプテンで、部員らにえらく慕われていたことが判明。それまでの部活は昔ながらのスパルタ育成法で、上下関係も厳しく、是枝さんがまだ新入りの頃は相当先輩らにしごかれたらしく、自分が上級生になった暁には、そういうイタイ慣わしを一切排除したいと思っていたという。

「バレー部的には、弱小のチームになっちゃったんだけどね」

けれども、何十年経ても、当時の部員が普通にカンヌまで会いに来るなんて、その人並み外れた人たらし（もちろんいい意味で）ぶりに、呆気に取られてしまった。

そういえば、母が珍しく感心していた。

「現場にいる是枝さんは、とにかくウレシソウにしてるの。映画を撮ることが、楽しくてしょうがないみたいに。子どもから年寄りまで相手に、そりゃ、うまくいくことばかりじゃないでしょう。でも、決して、怒らないし、辛抱強くって、投げやりじゃなく丁寧で、誰に対しても平等で、実に芝居を面白がりながら作る。役者だったら誰しも、こういう監督の現場を一度は味わってもらいたい」

是枝さん本人に、それは意識してやっていることか尋ねると、「自分が映像の世界に入った頃は現場の先輩に、怒鳴られるわ、蹴られるわ、ほんとに嫌な思いをしたから……そういうことはむしろ意味がないと思い知って、自分のところでは、絶対にそんなことしたくないなって」。

この人は昔から曲がったことは嫌いという、鋼のように揺るぎない精神を持ち合わせているのだなと、少し身震いする。

ただでさえ、映画作りは至難の業なのに、是枝さんはたとえフランスだろうと、韓国だろうと、等しく自分の歩幅を保ち、ほぼ日本人のいない現場で異邦人として何ヶ月もかけ、監督の仕事をやってのける。相手がカトリーヌ・ドヌーブでも、ソン・ガンホでも、敏腕プロデューサーでも、新米のアシスタントディレクターでも、きっと、いつも通り、面白がって、ブレずに、鋭く、和やかに。

「でも、たまに、理不尽だったり、チームワークを壊そうとする人がいると、それは、真剣に面と向かって伝えますよ。僕たちはみんなで集まって、一生懸命にいいものを作ろうとしてますって。ちょっとプルプルしながら（笑）」

彼の特筆すべき持ち味にもうひとつ、「人を育てる」という父性（もしくは母性）がある。若きクリエイターたちの特質を見抜き、「活きる」場を与え、「その人ならでは」を引き出してしまう。例えば、教授として教壇に立つ早稲田大学の映画クラスの学生を、自らの撮影現場にて監督助手に任命し、意見を聞き、良いアイディアはその場で採用する。惜しみなく与えられる尊重と責任は、駆け出しの映画人には忘れ難い経験となる。

母がひと際気に入っていた是枝さんの子ども時代のエピソードがあり、折に触れ、彼に向かって「ほらほら、あの先生に言われた話、なんだっけ？」と、知ってるくせにせがむのだ。

それは、小学生の裕和くんは、いつもクラスの優等生で、学級委員として先生にも可愛がられ、友達も多く、その間を取り持つべく気を遣っていたけれど、ある年の通信簿の先生のコメント欄に「子どもらしいおおらかさに欠ける」と記されているのを見た、その衝撃はいまだに忘れられないという話。

母はすかさず「ねぇー、あなたは一生懸命に気を遣って、それなりにうまく使命を果たせてると思ってたのにねー、でまた、子どもなのに、そのことに人間の悲哀を感じてるのが、おっかしいのよねー」と合いの手を入れ、あとは一人でケタケタ笑いにふける。

母はきっと、信頼していた先生の持っていたやや冷静すぎる視線と、そこはかとなく傷つきながらも、どの立場も正確に俯瞰し、記憶に留める少年の健気ながらも、末恐ろしいほど監督としての適切な眼に、感心していたのだ。

東京の路地裏でも、香港の飲茶食堂でも、カンヌの移動車の中でも、私の脳裏に焼き付いているのは、母と是枝さんが他愛もない世間話に花を咲かせる後ろ姿だ。そんな時は決まって母が、監督の服の肘あたりを指でつまんでいる。どうせまた母が大好きな、有名人のカツラ、整形、不倫などのどうでもいいゴシップを面白おかしく、勝手にしゃべっているだけだろう。是枝さんが、母はどこをどう面白がっているのかを、よく見極めているところがまた彼女を小気味良く加速させる。

ある日話していたのは、一定のリスペクトを得ている俳優が、普段からカツラを被り、時代劇で演じる際には、そのカツラの上にまた髷《まげ》のカツラを被せることの滑稽さ。どうやら、彼女の論点は「どこまでも秘めよう」としたり、どんなにあからさまでも「察しないでいよう」とする、人々の心の動き。それを吟味したいらしい。それこそ人間の営みは、時に情けなく愛おしい。だからこそ、順風満帆な状態より、何かにつまずいた時の人の心模様にこよなく惹かれ、それを何層もの哀しみとおかしみで表現したくなり、そのことをまた面白がってくれる是枝さんに、手応えを感じていたのではないだろうか。

ただ非の打ち所がない優等生も、実は毒舌好き。母から継承された、たまに是枝さんと二人でゴハンを食べる会では、時折、やや小声で「ちょっと、あれって、なんかねぇ〜」とセンスあふれるゴシップもこぼれる。私も井戸端会議のおばちゃんモード全開に「それで、あれって、どうなってるの〜？」と根掘り葉掘り聞き出し、スケールのちっちゃな秘めごとの共有に胸を躍らせる。そして、裕和さんの中にも眠る斜め裏側から見ようとする〝おばちゃん魂〟に、にやりと満足するのだ。

「世界の是枝監督」となって久しい人は、実はずっと「テレビ」での作品作りを大切にしている。「映画」が高尚で、「テレビ」が低俗だなんて区別はありえないけれど、映画はわざわざ映画館へ足を運び、チケット代を支払う一方で、テレビはどんな家庭でも電源さえつければ、いつでも観られる。その、視聴者を限定しない風通しの良さをこよなく大事にするところに、やはりまっすぐ一本の筋が通っている。

母は職人気質の役者というより、俗っぽい「ゲーノージン」である自分を気に入っていた。そのほうが、私生活すべてを白日の下に晒される代わりに、自分という存在を常に俯瞰して見ることができるから。特に転んだ時の、いかんとも立ち行かない際の、恥も含めてどう晒すか。腹を括って、ある種のエンターテインメントにしつつも、己や家族や、ひいては人間そのもののどうしようもなさを、メディアの向こう側にいる通りすがりの傍観者に見てもらい、時には疑問を呈したいのだ。

「人は失敗した時にこそ、本領がわかるのよ～（笑）」

私の中の特別な場所にある是枝さんの著書『希林さんといっしょに。』（スイッチ・パブリッシング）の「おわりに」にこう記されている。
〈愛すべき対象が、もうそこに存在せず、手が届かない。しかし、だからこそ、その「不在」を恋しく思う。この「恋ふ」ことを業にする不幸な質の人間が作家になるのだと思うが、その意味でこの本は僕にとってはもう届くことのない「恋文」なのだろうと思う。〉

『万引き家族』の同窓会が終わり、是枝さんは次の仕事の打ち合わせがあるからと、時計を見つつ、ジャケットを羽織り外に出た。そこで、お迎えに来ていたみゆちゃんのご両親と遭遇。満面の笑みで立ち話が始まる。誰かが「監督、行かないと、時間が」と声掛けすると我に返り「あ、はい、はい」と急ぎ足で大通りに向かった。ようやくタクシーを拾い、私たちに大きく手を振ると、すうっと発進した車の窓に姿が霞む。

『歩いても　歩いても』の息子・良多の台詞が、どこからともなく聞こえてきた。

「あ〜ぁ、いっつも　こうなんだよな。ちょっと　間に合わないんだ」

やっぱり、あの後ろ姿は、私の兄だ。

これえだひろかず／１９６２年東京生まれ。映画監督。早稲田大学卒業後、テレビマンユニオンで主にドキュメンタリー番組を演出。95年の初監督作『幻の光』以降、２００４年『誰も知らない』、13年『そして父になる』などで国内外の映画賞を受賞。14年に独立し、制作者集団「分福」を立ち上げる。18年、『万引き家族』がカンヌ国際映画祭でパルムドールを受賞。

窪島誠一郎

the essence of solitude

2022年4月　長野県上田市・無言館にて

長野県上田市の林道を登り、たどり着いたのはコンクリートの打ち放しの小さな美術館「無言館」。木の扉を開けると、第二次世界大戦で亡くなった画学生たちの遺した絵画や彫像が私たちを迎える。その一つひとつと対峙し、「生きたかった」「描きたかった」という無言の声を聴く。こつん、こつん、と自分の靴音と心音がシンクロする。戦争をまた始めてしまった人間にも、これほどまでも「生きたかった」「描きたかった」彼らを差し置いて生きている自分の答えのない存在理由にも嫌気がさす。

出征前に彼らが描いたのは美しい故郷、無邪気な妹、慕っていた祖母、家族のだんらん、そして愛しい妻、恋人……。再び扉を開け、ざらざらとした罪悪感を抱えて外に踏み出したとき、どうしようもなく愚かなのも私たち人間だけど、途方もなく純粋に愛を信じることができるのも人間なのだと、不思議な生命の肯定感に背中を押された。

内田　戦争について今一度見つめ直したいと思い、久しぶりに無言館をお訪ねしました。初めて来たとき、まるでスイスの山奥に数百年もたたずむ小さな教会のようだなぁと思ったのですが、そのたたずまいも、静謐で温かな空気も少しも変わっていません。木の扉を開けると、第二次世界大戦で亡くなった画学生たちの遺した絵画や彫像、遺品となった絵の道具、戦地からのハガキなどが展示されている。正式な名称は戦没画学生慰霊美術館「無言館」。創設者であり館長である窪島さんが名付けたのですね。

窪島　ここにある絵は無言だけど見る人に多くを語りかける。訪れた人は絵を前に誰もが無言になる。――というのは後から考えた理屈で、実はふと思いついたに過ぎないんです。でも、我ながらよくぞいい名前を思いついたものと、自惚《うぬぼ》れているんですけどね。

内田　窪島さんが私財を投じて1997年に建設。その前に信濃デッサン館という美術館も建てています。

窪島　自分で集めた絵が溢れ出したので、それらを収めるために建てたのです。

内田　比較的マイナーな画家の絵ばかり集めていたそうですが、それはなぜですか。

窪島　よく「絵がわかる」というでしょ。でも僕はそもそも「絵がわかる・わからない」というのがわからない。ただ、魅かれる絵がある。その絵を描いた人がどういう人で、どんな思いで、どんな生き方をしていたのかということに魅かれるんです。だから例えば、1919年にスペイン風邪で22歳で死んだ村山槐多、同じく20歳で死んだ関根正二、脳腫瘍で30歳で死んだ野田英夫のように、思いを遺して早世した画家の絵には特に魅かれます。これは無言館にも通じます。志半ばで死んだ、無名の〝画家未満〟の若者の絵に強く魅かれるんです。

内田　窪島さんは、生まれた3週間後が真珠湾攻撃だったそうですね。よく「無言館は反戦や平和を訴えるために建てたのではない」と発言され、自伝的小説『流木記』には「画家には二つの命がある。一つはナマ身の命、もう一つは作品にこめられた命」と書かれています。つまり作品がこの世からなくならない限り画家は死んでいない。だから、あまりにも若くして戦火に散った画学生たちの「もう一つの命」を守るために建てたのですね。

窪島　自らも東京美術学校（現・東京藝術大学）を繰り上げ卒業させられて召集され、戦地から復員された、現在101歳で現役の洋画家である野見山暁治さん（2023年6月に逝去）が、「このまま戦死した画友たちの絵が霧散してしまうのが口惜しい」とぽつりとおっしゃったのを聞いたのがきっかけでした。まもなく戦後50年を迎える頃のことで、今から収集して保管すれば、散逸を防ぐのにまだ間に合うんじゃないかと思いました。

内田　画学生たちの遺した絵の収集に、3年半かけて全国を行脚されました。

窪島　最初は野見山先生と一緒に訪ね歩きました。当時、先生は72歳、僕が51歳。後半は僕ひとりで。ご遺族から絵を預かるだけでなく、画学生の思い出話を伺うんです。出征の朝、「あと5分」「あと10分」とキャンバスに向かい続けた人、誰にも告げずにひとりで出征した人……涙なしでは聞けないエピソードが山のように集まりました。

内田　窪島さんの執念ともいえる取材力ですね。今日は無言館でイベントがあって大勢の方が集っていました。窪島さんは御年80歳。拝見していると、同年代ぐらいの方から話しかけられると話があまり続かない。でも、若い人とは同じぐらいのテンションとノリでポンポンポンポンとお話が弾んでいました。その差がとても興味深いです。

窪島　若者というのは、まず予定調和しないでしょう。「いやー、いいお話でした」とか、そういうのがない。でも年を取るほど言うんです。年を取るということは、たいていの人は一つずつ何かを着込んでいくんですけれど、僕の場合は脱いで裸になっていくような感覚があるんですよね。裸になっていく人のほうが話が弾みます。あなたの母上もそういう人でしたね。

内田　はい、何もかも開けっ広げで、誰かに対してじゃなく、自分に対してのプライドの所在がはっきりしてましたね。母との付き合いはどのように始まったのですか。

窪島　２０１５年のこと、彼女が突然、やってきたんです。一目見れば樹木希林さんだというのはわかった。その大女優さんが「会いたかったのよ、あなたに」と言うものだから、びっくりしちゃった。児童文学作家の灰谷健次郎さんから、しょっちゅう僕のことを聞かされていましたって。
内田　灰谷さんとは、母は自称〝がん友だち〟だったから。
窪島　僕は無謀にもその場で「無言館では毎年4月29日に新成人たちが、彼らと同世代である戦没画学生の絵を前に決意を新たにするという『成人式』を開催しています。来年のゲストとして来てくれませんか」と頼んだんです。後日、希林さんの直筆で「引き受けさせていただきます」と書かれたハガキが届いた。ろくに式の説明もしていないのに。
　さらに金沢での表彰式の帰りに、打ち合わせのために上田に寄ってくれるという。「でも、有名人をどこへお連れしたらいいものか」と迷っていたら、「一番いいのは駅の待合室よ。サインを求められても写真を撮られても、ちょっと我慢していればみんな次の列車に乗って行っちゃうから」とおっしゃった。
　そして当日、駅で待っていると、当然グリーン車から降りてくるものと思っていたら、自由席からトコトコ歩いてきた。それで、「8000円浮いた」って自慢げに言うんです。
内田　主催者側がグリーン車を取ってくれたのに、払い戻したんですね。母がやりそうなことです。
窪島　すばらしい。僕は惚れちゃいましたよ。待合室ではなく、その8000円で2人でウナギを食べに行った。なんて楽しい食事だったんだろうと思い出します。
　印象に残っているのは、「私ね、あなた

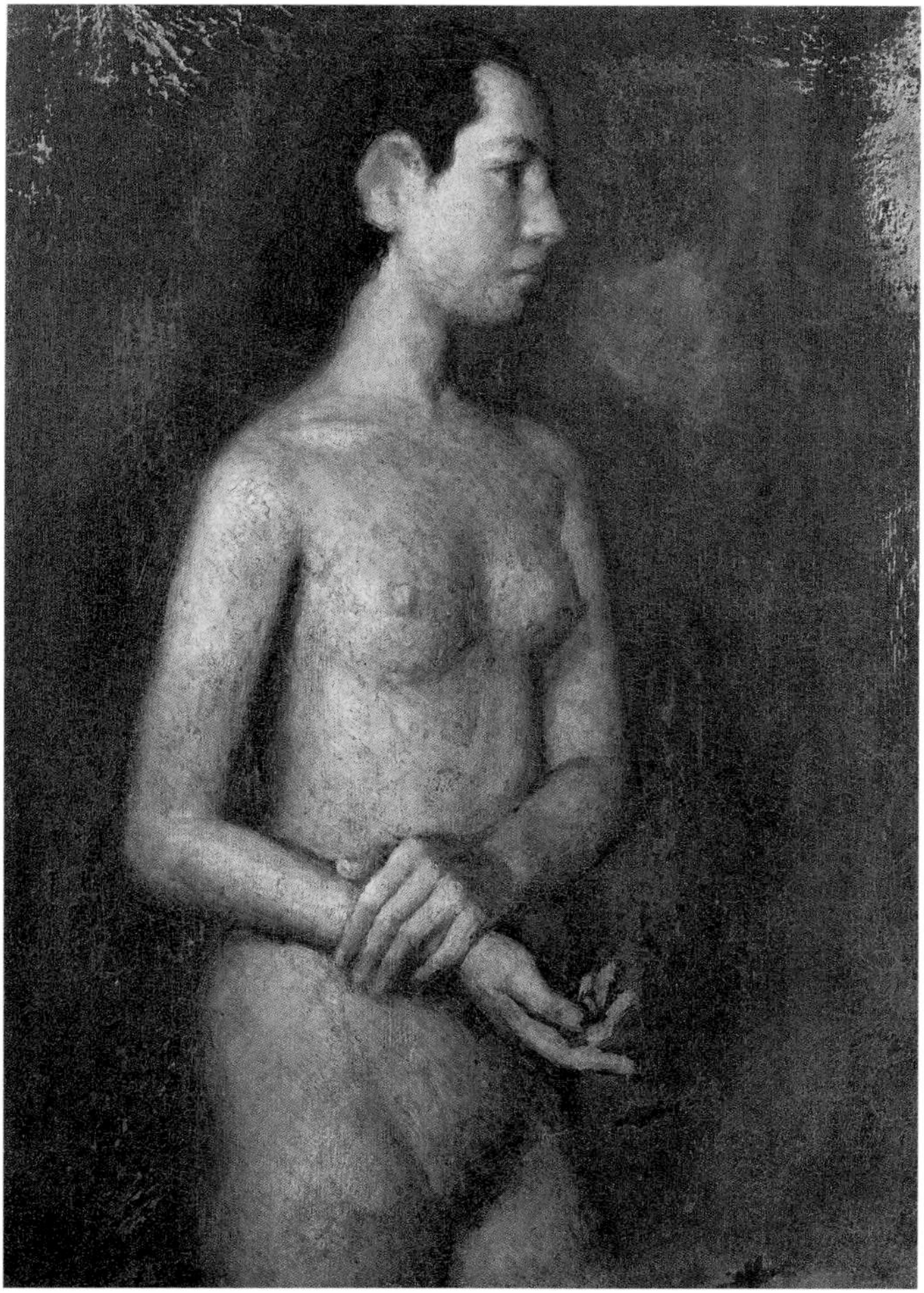

日高安典　「裸婦」

昭和20年4月、フィリピン・ルソン島で戦死。享年27

鹿児島県種子島出身。東京美術学校(現・東京藝術大学)卒。独身で亡くなった安典が誰をモデルに描いたものなのか遺族にもわからなかったが、平成11年の終戦記念日に無言館を訪れた年配の女性が備え付けの感想ノートに日高にむけてしたためていた。「安典さん、今日ようやく、貴方が私を描いてくれた絵に会いにきました。(中略)あの夏は、今でも私の心のなかではあの夏のままなのです」

田中角治郎　「女」

昭和 15年 4月、中国江西省で戦死。享年 27

大阪市出身。東京美術学校(現・東京藝術大学）卒。日本を代表する洋画家の藤島武二に師事し、将来を嘱望されていた。戦禍のなか兄たちが必死に守り通した油彩画「女」は現在、無言館の壁で静かに光を放って見える。この絵の絵ハガキを、母が亡くなった後、机の引き出しから見つけた。無言館を訪れた際に気にいって購入していたのだろう。

みたいなワイルドには慣れてるのよ」だって。

内田　はい、ものすごくワイルドなロックンローラーが近くに1人いましたから。

窪島　也哉子さんのご主人の本木雅弘さんのことは、「彼が来たことによって、ようやく内田家を立て直すことができたのよ」って感謝されていましたよ。

内田　そんなこと言っていましたか。

窪島　成人式当日は、いつもはゲストが帰るとホッとするんですよ。筑紫哲也さんとか菅原文太さんとか山田洋次さんに来てもらったときは、お見送りしてやっと肩の荷が下りたものです。でも、希林さんが帰ったときは寂しくてね。ちょっとがっかりしていたら、電話がかかってきた。「まだいるのよ、近くに」って。うれしくて、すっ飛んで行って、別所温泉の旅館のレストランで4時間以上、お酒のんで話しました。ご自分ががんの塊だということをおっしゃっていて、僕もくも膜下出血で倒れた直後だったから、テーマは「死」でしたね。思えば、亡くなる2年前のことでした。

そのご縁で、今年の成人式は也哉子さんに来てもらい、新成人ひとりひとりに手紙を書いてもらったんですが、普通に家でフラフラしてる奥さんだと思っていたら、大間違いだった。

内田　そう、基本的にはフラフラしているだけです（笑）。

窪島　いやいや、この雑誌のエッセイの連載だけでも文章のセンスのよさ、モノの見方が独特であることがわかるし、『ＳＷＩ

ＴＣＨインタビュー』（Ｅテレ）で吉田カバンの創業者の息子さんと対談しているのを観ても、大したもんだなあと認識を新たにしたんです。

内田　吉田カバンといえば、窪島さんはご愛用ですよね。

窪島　このトートバッグがそうです。持ち手の部分だけ直したけど。

内田　以前、お電話で、実のお父様の水上勉さんから唯一もらったものが吉田カバンのバッグだと伺いました。

窪島　そう、ほかには何ももらわなかったけど、カバンは2つもらいました。実際に水上先生が使っていたんですよ。小説を執筆するための資料を詰め込んで、ものすごく重そうだったので僕が持ってあげたこともあります。

内田　お父様のことを「水上先生」と呼ばれるんですね。お父様ご本人に対してもそう呼んだのですか。

窪島　だって初めて会ったのは、僕が36歳のときですから。もう「お父さん」と呼べる歳ではなかったし、僕自身、代表作の『飢餓海峡』に登場する岬を見に北海道まで行くほど、昔からの水上ファンでしたからね。

内田　まさか自分の好きな作家が父親だとは。自分を育てたご両親が養父母だと知らず、でも13歳ぐらいのときに親と似ていないことや血液型が親子としてはおかしいことに気がついたんですよね。

そして実の父、母を探し始め、36歳のときに水上さんにたどり着いた。驚いたことに、お互いに世田谷の成城に住んでいたんですね。最初に父子が対面したときはどういう空気感だったんですか。

窪島　先生の軽井沢の別荘で2人きりでした。先生は当時58歳。僕を一目見て、自分の息子だとわかったそうです。自分の書いたもので何が好きかと聞かれ、僕は『飢餓海峡』や『越前竹人形』ではなく、『蓑笠の人』という、誰も読まないような短編を挙げた。これがまた泣かせてね。「あれを読んでいてくれたか」と。

内田　窪島さん、天性の人たらしですね(笑)。

窪島　うれしかったし、父親を大好きになったけど、もし、探し当てた父親が普通の市井の人だったらもっと生きやすかっただろうなとも想像します。

　私たちが再会したことは、父親が有名人であったために大ニュースになったんです。１９７７年のことですが、父のスキャンダルとして報じるメディアもありました。父は戦時中に僕の母と同棲して僕を授かるのですが、生活苦から僕を手放し、僕は子どもがいない靴屋夫婦の実子として育てられたんです。

　僕が実の親を探し歩いた日々のことは、その後、ＮＨＫの連続ドラマにまでなったから、世間の僕を見る目は違ってきました。どんなに夭折した画家の発掘に努め、その評伝や研究書を書いても、「戦後三十数年を経て有名作家との再会を果たした奇跡の子」というのが僕に貼られたレッテルになってしまいました。

　それはあなたにも

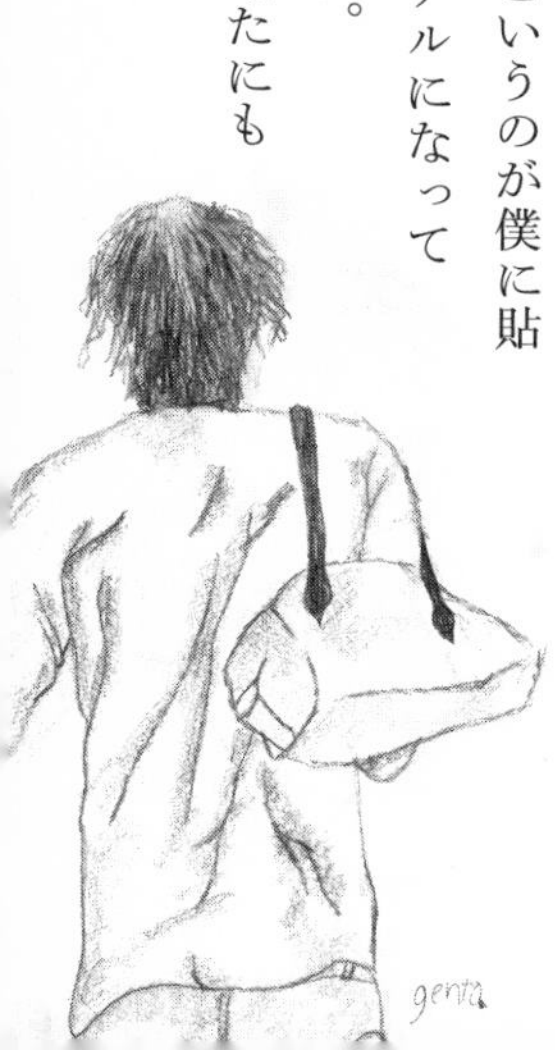

the essence of solitude

ついて回りますよね。誰もが知っている一流の女優の娘だということが。でも、あなたの場合は恨みもしないし、ごく自然に、素直に生きている。母上の教育も本当に上手だったんだなと思います。

内田　窪島さんはもっと葛藤がありましたか。

窪島　葛藤といえばかっこいいけれど、ひねくれていましたね。水上先生を敬愛していながらも、故郷の福井につくった文学館の館長になってくれと言われれば断る。彼の文学世界を愛してはいたけど、そこに近づくなんていうのは嫌でした。

内田　私も葛藤はあります。母が亡くなってから、彼女の遺した数々の言葉のインパクトがいまだにあって、そこに私はたたずんでいるという感じです。もちろん母とは関係ないところで生きてみたいという思いもあります。でも、一度どっぷり母や父との関係と向き合ってみる機会にするしかない、一度突き抜けてみようと思っています。その先に何が見えるのかに想いを馳せながら。

窪島　それは大テーマですね。僕もどんなものを書いても、水上勉を通り抜けるわけにはいかないんです。養父は靴職人でしたから、僕は36歳までは靴屋の子、36歳以降は作家の子になった。そういう体験をした人はそんなにいないわけだから、自分を一つのモルモットにして、何か普遍的なものを書く。それはやらなければいけないことだと思っています。

　無言館の成人式で也哉子さんが新成人たちに話をしている、その後ろ姿を見ていたら、也哉子さんは也哉子さんで、僕と同じぐらいの海の深さに生きている仲間だなと思ったんです。でも、80歳になったから偉そうに言わせてもらいますが、寂しさは宝だと思います。寂しくなければ仕事なんてしないいんじゃないかな。

内田　仕事というのは「書く」ということですか。それともすべての仕事ですか。

窪島　何もかもですね。生きるためのことに一生懸命になるのは、ひとえに、1センチでも5ミリでも寂しさから離れたいというのがあるからではないでしょうか。寂しいということが仕事の原動力であると同時に、その跳ね返りとして、人に認めてもらいたい。よくやったと言われたい。無言館なんかまさしくそうでしょうね。

内田　どういうことですか、無言館がまさしくそうだというのは。

窪島　戦争で亡くなった画学生が気の毒だからだとか、あるいは将来の若い人たちに平和な世界が訪れますようにとか、そんな世のため人のためにやった覚えはないいんですよね。

でも遺族を訪ねると、お寿司は取ってくれるわ、ビールの栓は抜いてくれるわ、大歓迎してくれるわけですよ。そうやってお借りしてきた大事な形見の絵を展示する美術館をつくったら、世間から「ご立派なことをなさって」と言われて、もう、うれしくてうれしくて。

内田　そのご自身や現象を客観的にとらえる目には唸らされます。無言館は、水上勉さんの援助は一切受けずに建設し、運営されてきたんですね。

窪島　1964年の東京オリンピックのときに、マラソンコースの沿道でおにぎりを売って大変もうけましてね、そのおにぎりを握ったのが今の奥さんなんです。バーの開店、支店の拡大……みるみる板垣退助（当時の100円札）が束になりました。

内田　喜怒哀楽をもじった「キッド・アイラック・ホール」もつくって、そこはライブハウスの先駆けになったそうですね。

窪島　当時、僕はサラリーマンもやっていて渋谷の生地屋に勤めていたんだけれど、月給が5000円でした。一方、おにぎりの売り上げだけで一日2万円。子どものころから絵を描くことや文章を書くことが好きで、文学を目指そうとか、画家になりたいとか思っていたのに、お金が入ってきたら稼ぐことのほうがおもしろくなってしまった。

内田　自分のストイックなものに対する情熱がお金の残酷さでパワーを失ったと思われますか。

窪島　でも、あの時間、あのお金がなければ、無言館を建てるなんてことはできなかったわけで、全部を否定するわけにはいかない。ただ、高度成長期の頃の日本人は、都合のいい記憶障害になっていましたね。沖縄では何十万の人、原爆では二十何万人、戦争で三百何十万人もの自国民が亡くなっているという意識は、少なくともおにぎりを売っている僕にはひとかけらもなかったです。ただひたすら板垣退助だけ見つめていた。

ウクライナの戦争を見てもつくづく思います。戦争がなければこの無言館はなかった。僕は本来あってはならない美術館をやっている。それは僕自身のたどった人生も同じような気がします。金儲けが悪いというわけではないけれど、もう少し次の時代がどうなるか、これだけ空気を汚して、これだけ気候変動を起こし、原発をつくっていいのか考えなければいけなかった。存在してはならない「無言館」が役に立つとすれば、今からでもそういうことを考えるきっかけをここで得てもらうことだと思います。

窪島誠一郎さんは常にアンビバレントな思いを抱いている人だ。好意に甘えたいのに疑う。愛しているのに距離を置く。そして「自らの『出生』とひきかえに、心のおくに『戦争』というある病をかかえて生まれてきた子なのではないのか」と、自身の波乱に満ちた半生の物語『流木記』に綴っているが、その「病」に翻弄されながらも、その「戦争」を伝える無言館を創った。無言館の存在を誰よりも誇りに思っているが、誰よりも強く「あってはならない美術館」だと思っている。

芸術による自由とは。家族という関わりのもたらすものとは。私たちひとりひとりの平和とは――。窪島さんがそれらの問いと向き合い、答えを導き出すまでの軌跡が鮮やかに浮かび上がってくるのを感じた。

くぼしませいいちろう／1941年東京生まれ。無言館館主、作家。印刷工、酒場経営などを経て、浅川マキや寺山修司に愛された小劇場「キッド・アイラック・ホール」を設立。79年に夭折画家の作品を展示する「信濃デッサン館」（現・KAITA EPITAPH 残照館）、97年に戦没画学生慰霊美術館「無言館」を設立。著書に『父への手紙』『流木記』など。

伊藤比呂美

enchanted by the buddhist sutras

2022年11月　レストランにて

内田　伊藤さんは現代詩の旗手として長くご活躍ですが、お経を現代語で読み解くということもやっていて、何冊も本を著していらっしゃいます。なかでも私にとって運命的な出会いだったのが『いつか死ぬ、それまで生きる　わたしのお経』（朝日新聞出版）なんです。

伊藤　まあ！　すっごくうれしいです！

内田　拝読して、母にまつわる謎がいろいろ解ける気がします。母は2回結婚していまして、私は2人目の夫との間に生まれた子です。私が知らない最初の結婚について、なぜ離婚したのかたずねたら、母は「あまりにも幸せで、これ以上何を求めて生きていけばいいのかわからなくなったから」と答えたんです。当時の精神状態をブラックホールにたとえていましたけど、虚無感にさいなまれ、息をするのも苦しかったって。それで自分から別れを申し出て、5年間の結婚生活に終止符を打っています。ブラックホールを何とかしようと哲学書や宗教書を読み漁り、母がこれだと思ったのが法華経だったんです。

伊藤　お経は法華経が一番おもしろいもの。私も大好きですよ。お母様が興味を持たれたのは法華経のどの辺りですか。

内田　それが、わからないんですよ。ちゃんと聞いておけばよかったと後悔しているんですが、ただ、阿弥陀経のように極楽浄土の美しさを朗々と説いたものより、お釈迦様がこれから悪世末法の時代になっていくというときに人間の苦しみをわかって、その苦しみをどう乗り越えるかということを説いた法華経が一番わかりやすかったと言っていたのは覚えています。

伊藤　也哉子さんも読みました？

内田　読もうにも、まったく意味がわからなくて。

伊藤　私が初めてお経というものを読んでみようと思ったのは大学生のときで、意味なんてわからなくてもいいのかなと思いながら読んでいたんですよ。

内田　母も「意味なんて、ずっと唱えているうちに時々ポロッとわかればいいの。最初からわかったらつまらないのよ」なんて言ってました。

伊藤　お母様は也哉子さんにもお経を唱えるようにとは勧めなかったんですか。

内田　「読んだらおもしろいよ」くらいは。ただ、私が行き詰まっているときなどに「南無妙法蓮華経って言ってみたら呼吸も整うよ」って言うことはありました。いわば、おまじないですね。

伊藤　「南無妙法蓮華経」は法華経のお題目で、「南無」はお任せしますという呼びかけ、「妙」は「素晴らしい」、つまり「素晴らしい法華経にお任せしますー」って言ってるんですよ。

内田　そうなんですか。母の勝手な解釈だと思いますけど、母は「この宇宙の法則に則って私は生きていきたいということだ」と言っていました。

伊藤　ああ、すごくいい解釈です、それは。

内田　母は日常にお経を取り入れていたんですね。私の両親は最後まで離婚はしなかったものの私が生まれたときには既に別居していて、うちは事実上シングルマザーだったんです。母は私を1歳半でインターナショナルスクールに入れたので、私は英語は身につけることができたものの日本語がちょっと怪しかった。インターナショナルスクールが6年生の6月で終了すると、7月から卒業までの9ヶ月間、地元の区立小学校に転入しました。

その小学校の校長先生が退職されるので、全校生徒が手紙を送ることになったのですが、何を書いたらいいのかわからない。困り果てた私に母がくれたヒントが「雨はどんな木にも等しく降り注ぎ、木々はそれぞれの花を咲かせたり実を実らせたりする。校長先生もいろいろな子どもに教育を注いで、子どもたちがそれぞれの伸び方をしたんでしょうね」というものだったんです。

伊藤　素晴らしいアドバイス！

内田　よくわかんないけどそのまま書いたら、校長先生がいたく感動して卒業式で読み上げたんですよ。そんな思い出があるものだから、伊藤さんの本に書かれている法華経の「薬草喩品《やくそうゆほん》」の訳を読んでびっくりしたんです。ああ、母のアドバイスの出典はこれだったんだと。

伊藤　いやあ、むちゃくちゃうれしいな。「薬草喩品」って比較的マイナーなお経なんですよ。お母様は本当に法華経をくまなく、よく読んでいらっしゃったんですね。

内田　もう少し私も法華経を知ろうとしていたら、もっと深い話ができたのにと思うと、母が亡くなって既に4年が過ぎましたが、ちょっと切なくなっちゃって。

父の内田裕也はロックンローラーなんですけど、破天荒で、いろいろな無理難題を吹っかけてくる人だったので、母は「私にとっての提婆達多《だいばだった》だ」って言っていたんです。提婆達多はお釈迦様の弟子で、いつもお釈迦様の邪魔をするんですか。

伊藤　チャレンジャーなんです。あんまりよくない挑戦ばかり仕掛けてくるんですけどね。

内田　ああ、まさに父です(笑)。だから結婚生活は無理だったし、母とはたまに会えばケンカばかりしていましたけど、臨終の間際、夜中だったけど電話で父を叩き起こして、電話越しに父が「啓子っ、啓子っ」って母の本名を呼んだんです。その瞬間、母はもう意識はないように見えたのに、母の手を取っていた孫の手をギュ〜ッと握り返したんですよ。そして息を引き取りました。

伊藤　素晴らしいご最期ですね。

内田　入院中に3回ほど危篤になるという状態だったのに、ある日、「今日、家に帰る」と言い出して。お医者さんが「今のタイミングがよくわかりましたね」とおっしゃったんですが、それでバタバタと家に帰って、その日の明け方のことでした。

伊藤　そういうのを知死期時《ちしごどき》というんですよね。

内田　伊藤さんも母と同じように、たくさんあるお経のなかでも法華経が最もおもしろいとのことでしたが、では、法華経のなかで特に気に入ってるのはどれですか。

伊藤　まさに「薬草喩品」なんですよ。というか、実は気に入ってるのはこれだけ。大学のときにいろいろ読んで「薬草喩品」だけが自分のなかに残ったのですが、それを超えるものがいまだにないんです。

内田　それはびっくりです。伊藤さんが私たちにも伝わるように訳してくださっていたからこそ、私は「薬草喩品」に出会うことができたわけです。そもそもお経が現代詩のような形になっていることに驚きました。お経は、こういうときはこうするといいよという教えが書かれた指南書だと思っていたんですが、そういうありがたいものではないんですね。

伊藤　仏教ってこういうもんだよ、と伝えているファンタジーなんですよ。『ロード・オブ・ザ・リング』が描く「中つ国」のように、私たちの世界とは別の世界があることを信じようとする。『ロード・オブ・ザ・リング』や『ナルニア国物語』や日本のアニメは読む人、観る人もファンタジーだと思ってそれを観ている。それをファンタジーと思わずに、本当にある世界なんだと思わせるのが、法華経のような気がします。

内田　伊藤さんは純粋に読み物としてお経がおもしろかったんですね。

伊藤　私はありがたいと思わずにファンタジーだと思ったから、何が書いてあるんだろうと引き込まれた。たとえば観音経は、何があっても観音様が助けてくれるから大丈夫よ、というほとんど『アンパンマン』の世界です。

法華経の「常不軽菩薩品《じょうふきょうぼさつほん》」は、いつも人にへりくだって、どんなに嫌なことをされても「あなたはいつか菩薩になる」と言って回っている人の話なんですよ。宮沢賢治が強く影響を受けたんですって。

内田　「雨ニモマケズ」的なお経なんですね。

伊藤　「虔十《けんじゅう》公園林」という作品にも宮沢賢治の仏教観が出ています。

お経は、野良犬が徘徊し砂塵が舞っているようなインドの地で修行者が、人々がおもしろがるようにと語り聞かせていた。「法華経」にしても「般若心経」にしても、丹念に読んでいくとそれがドラマ仕立てであることがわかります。誰が何して、そこに誰が何を言う、あるいはこの人が何かを考えて、あそこに行って書いてきてというドラマ。つまり説経節のようなものです。私には『平家物語』、あるいはホメロスの『オデュッセイア』や『イリアス』と同じように読めて、だから惚れ込んだんだと思います。

内田　たとえば般若心経は、伊藤さんはあえて現代語訳せずに、「ぎゃーてい。ぎゃーてい。はーらーぎゃーてい。はらそうぎゃーてい。ぼーじーそわか。」としている部分がありますね。

伊藤　「ぎゃーてい。ぎゃーてい。はーらーぎゃーてい……」は英語の説明書では「come closer」とか、何かが渡ってこっちに来るんだとか書かれてある。それで意味はわかることはわかったけれど。

でも、原典のサンスクリットを中国語に訳したものをそのまま読むと、ものすごくきれいなんですよ。鳩摩羅什《くまらじゅう》の訳がほんとうにきれいなんです。私は現代詩の詩人だから、「きれいですね」なんて言われるような詩は書かない。美しい詩は書く必要ないみたいに思っている。でも鳩摩羅什の美しい詩に、もうキュンときたんだなあ。

内田　どこが好きなんですか、その鳩摩羅什さんの。

伊藤　「小根小茎。小枝小葉。中根中茎。中枝中葉。大根大茎。大枝大葉」とか「妙音観世音。梵音海潮音。勝彼世間音」とか。めっちゃかっこいい。鳩摩羅什はどんな人なのか調べたんです。現在の新疆ウイグル自治区クチャに生まれて、母は国王の妹、父はインドの学僧。鳩摩羅什はお坊さんになったんですが、むっちゃくちゃ頭がいいという評判のせいで、中国の軍隊に連行され、美女と一緒に閉じ込められて「破戒」を強要された。

内田　「破戒」って？

伊藤　セックスをしたんですよ。お坊さんなのに誘惑に負けてしまった。そこで仏典の漢訳に取り組んだわけです。サンスクリットのネイティブでもなく、中国語のネイティブでもない人が、訳して訳して訳して訳してというのが、どうです、かっこいいでしょ。

内田　確かに人知を超えてかっこいい。伊藤さんはさらにそれを日本語の詩にした。英語も堪能だから、日本語にすると伝わらないんじゃないかなという情熱のようなものもお腹にズンと伝わる表現をされるから、すごいなって思ってます。

伊藤　いえいえ、英語は高校の通信簿が2だったんですよ。

内田　ええっ。でもYouTubeで伊藤さんが英語で語られているのを聴きましたが、完全に母国語のように話していましたよ。普通は他言語で話すと、声のトーンが上がって、ややよそ行きの声になるけれど、伊藤さんは堂々とご自分の魂をそのまま差し出すような話しぶりなので、スカーッとするんですよね。

伊藤　だからね、英語って必要性があればみんなできるんだっていうことがわかった。

内田　あとは度胸ですよね。うちの旦那さんは仕事以外で人とあまり交流しないし、言葉選びに慎重だから、イギリスに長く住んでいた割にはわずかしか上達しなかったです（笑）。

伊藤　ジェンダーの違いもあるでしょ。男として育てられた人って、なんかこう、自分の殻が厚いでしょ。

内田　もしや世間に「強くあれ」と育てられた分、どこか恥をかくわけにはいかないという繊細さがあるのかな。それで失敗と場数の必要な言語習得も遅れがちなのかもしれませんね。もちろん人にもよるけれど。

伊藤　そのとおり。でも、言語を習得するというのは、ものすごく大変でしたよ。だから鳩摩羅什はかっこいい。

内田　伊藤さんは１９９７年にカリフォルニアに移り住んでいますが、その理由は？

伊藤　日本に居づらかったんです。前の夫と離婚し、夫婦ではなくなってからも「我々はー、新しいー、家族をつくるんだー」ということで一緒に暮らしながら子育てをしてみたんですが、関係がぐっちゃぐちゃになっちゃった。もうこれ以上は無理だなと家庭を解散し、逃げたんですよね。

私には既にアメリカ人の恋人がいて、子どもたちにも紹介済みで、子どもたちも「アメリカに行きたい」というので、3人で彼のいるアメリカに移住したというわけです。

也哉子さんは19歳で結婚していますよね。そのときの報道を覚えていますよ。当時、19歳で結婚するなんて、この人は何から逃げたんだろうと思っていました（笑）。

内田　夫が29歳で私が19歳。「三十路と二十歳の結婚では、なんかすごい節目の決意で結婚したみたいな感覚になるから、ちょっと未熟そうなうちにスタートしたい」と彼に言われて、なるほどと思ったんです。

伊藤　19歳の結婚って犯罪にちょっと抵触していないか（笑）。

内田　（笑）。早く内田家から精神的に独立したかったし、今思えば、パリの大学で学び始めてみて学業の過酷さが身に染みていたところだったから、逃げたかったのかも。

伊藤　夫の本木雅弘さんが納棺師の役で主演された映画『おくりびと』は日本で観て、アメリカで観て、子どもたちにも観せて、友人にも勧めて。

内田　まあ、ありがとうございます。あの映画は20代の本木がインドを旅した際、ガンジスの川辺で遺体が焼かれる日常の風景を見て、当時読んでいた『納棺夫日記』という小説に感化され、映画化を思いついたんです。それから10年を経てようやく実現したんですが、伊藤さんにそうおっしゃっていただけるのはとても光栄だし、またしてもご縁を感じました。

伊藤さんがご両親の遺骨をコーヒーミル

で挽いて粉にして、ご家族と海辺で撒いたら、風で骨が煙みたいに宙を舞い身体にまとわりついたと書かれているのを読んで、それが映像として浮かんできて、私もその場にいるようなうっとりした感覚になりました。

うちは両親とも骨壺に入って、母が購入してあったお寺のお墓に入っています。石をどけたら冷たくてまっ暗な四角い空洞があって、せめて2つ並んでいるからいいかと思いはするものの、なんか心底しっくりこなかった。伊藤さんの本のこのくだりを読んで、これこそがプリミティブな弔いで、自分のやりたいことだったのかもしれないって思って、ちょっと泣けてきちゃいました。

伊藤　ありがとうございます。私ね、手を合わせるというのができないんですよ。

内田　私もそうです。何に向けて合わせているかもわからない。親を思うときも手を合わせないです。

伊藤　でしょ。母の遺体を前にしても、母が生きて死んで死骸になっている。生きてない。なぜそれに手を合わせるのかがわからなくて。

内田　そうそう。私はなんて情のない人間なんだろうって、実は後ろめたかったんです。

伊藤　こんなに共感してくれたのは也哉子さんが初めてですよ。すっごくうれしい。おそらく、手を合わせるという行為が宗教的な感じだからでしょうね。宗教に対する気持ちというのは、どこかシステムとかルールに沿わなくちゃいけないわけでしょう。その仕方も納得してないし、わかってない。それを受け入れるって表明もしていない。そのせいのような気がするんですよ。

内田　だからこそ、ご両親の遺骨をコーヒーミルで（コーヒーミルを手で回すしぐさ）。

伊藤　いや、そんなもんじゃなくてマシンでダーッと。

内田　電動？　やだあ（笑）。煙のように細かくする必要はあったんですか。

伊藤　骨だと、見つかったときに、これは人間の骨ではないかと騒ぎになる。

内田　そうか、事件性を疑われる（笑）。伊藤さんは2016年にアメリカで一緒に暮らしていた夫を亡くされ、その2年後に帰国されて熊本で暮らしていらっしゃるんですね。

伊藤　夫とはケンカばかりしていたのに、いなくなるとポカーンとしちゃって、なんで生きているのかわからないような感じでした。帰ってきて、熊本の照葉樹林や星空に元気をもらったような気がします。家の中で室内園芸もしているんですが、連中は私たちが思っているように生きたり死んだりしないんですよ。勝手に生き、勝手に死ぬ。死ぬは死ぬで、生きるは生きるだと思っていたけれど、その植物たちは死ぬは生きるで、生きるは死なないなんだなっていうことがわかってきた。

人間も死ぬは生きるで、生きるは死なないということなんだと思うようになりました。いつか死ぬから、それまで生きるというのが生きる。死ぬってことは、生きるにつながっているような気がするんですよ。

DNAがつながっていくという考えもあるでしょうが、でも子どもを産まない人もたくさんいる。だからDNAではなく、記憶なのではないか。その記憶とは、ほんの数人が覚えていたらやがて無意識のようなものになる。それが私たちが共有する記憶というものなのではないか。

内田　ああ、わかる。私の両親は半年間に立て続けに死んだんですけど、その直後は感情が何も湧き出てこなかった。今になってようやく、自分の記憶のなかで生き続けていると実感するんです。うっすらとなんだけど。

伊藤　私もうっすらです。ただ商売が商売なので、それをわかったように書くんですよ。

いろいろな人に「死ぬってどんな感じ？」って聞いて回ったことがあるんです。みなさんが異口同音に「死ぬのは怖くないんだけど、死ぬ間際に痛いとか苦しいとか不自由とか、そういうのがあるのが嫌だ」と答えました。法然は「臨終はかみすぢきるが程の事」（臨終は髪の毛を1本切るようなこと）と言っている。なるほど、たぶん死ぬってそういうことなんだろう。

意識がそこで途切れて、真っ暗闇になってしまうと思うから怖いわけで、そうしないために宗教というのがあるような気がします。どの宗教でも天国があったり浄土があったりして、人々が生前の意識そのままで生きていると考えたいのではないか。

内田　いろいろな宗教において死後の世界というのは似通っているんですか。

伊藤　似ていますよ。たとえばキリスト教

では、死ぬ瞬間、光の向こうに人がいるんですが、それが迎えにきた天使なんですね。仏教では仏様とか菩薩様が迎えにきてくれるでしょ。たぶん脳内で起こる現象で、死ぬ瞬間に光が見えるのかもしれない。その光を信仰によって天使と思うか菩薩と思うかですよね。

内田　私たちのように信仰に拘《こだわ》らない人は？

伊藤　ただの光と思うんじゃないですか。あ、なんか光ってるって（笑）。

法華経「薬草喩品」より

カーシャパよ。譬えれば、こんなふうだ、
この全宇宙の、山や川や谷や平原には、
草や木や茂みや林が生えている。
それからいろんな薬草も生えている。
種類もちがう。それぞれ異なる。
そこをみっしりと雲がおおう。
すきまなくこの大きな宇宙ぜんたいをおおう。
一時にひとしく雨がふりそそぐ。
その水と草のまじわるところ、
何もかもがぬれそぼつ。
草や木や茂みや林や、
それからいろんな薬草たちが、
小さな根の、小さな茎の、

小さな枝の、小さな葉の、
中くらいの根の、中くらいの茎の、
中くらいの枝の、中くらいの葉の、
大きな根の、大きな茎の、
大きな枝の、大きな葉の、
さまざまの木々、大きな木や小さな木が、
高い場所、中くらいの場所、低い場所に、
生えているそれぞれが、
それぞれの場所でそれをうけとる。
一つの雲がふらす雨だが、
その種の成分や性質にあわせて、
うけとってのびる。
花がさいて実がなる。
一つの大地から生えたものだ。
一つの雨がうるおしたのだ。

でもそれは一つ一つの草木に
一つ一つちがうものをもたらす。
カーシャパよ、みてごらん。
如来というのもまぎれなくこのとおり。
大きな雲がわきおこるように、
この世にあらわれる。
大きな声をはりあげて、
雲が全宇宙をすっぽりとおおいつくすように、
世界にも、天にも人にも阿修羅にも、
声をゆきわたらせる。

現代語訳：伊藤比呂美
（『いつか死ぬ、それまで生きる　わたしのお経』〔朝日新聞出版〕より）

いとうひろみ／1955年東京生まれ。詩人。78年、現代詩手帖賞を受賞。性と身体、のちには生殖を赤裸々に扱い、80年代の女性詩人ブームをリード。『良いおっぱい　悪いおっぱい』などの育児エッセイでも活躍。代表作に『河原荒草』（高見順賞）、『とげ抜き　新巣鴨地蔵縁起』（萩原朔太郎賞、紫式部文学賞）。近年はお経の現代語訳に力を注ぐ。

横尾忠則

red socks dreamin'

2023年1月　横尾邸にて

父の遺品整理をしたのは、4年前のこと。生前一緒に暮らしたこともない人の極私的空間に分け入り、部屋の隅々まで物色するなんて、この世で最も避けたい行為のひとつだった。

おずおずと父の住まいの玄関を開けると、生活感のない部屋に少し拍子抜けする。ところが、一歩進むと、おびただしい数のスーツやコートがハンガーラックに脈々と連なり、行く先が霞むほど。床に目をやると、本、雑誌、新聞の山々が整然とジャンル分けされている。

そこに漂うのは、父を思い出すときに真っ先に知覚する、あの匂い。彼は生涯ただひとつの香水を身にまとい続けた。ある時、その香水が廃盤になると知り、可能な限り在庫を買い集めた結果、おびただしい数の同じ瓶が、製造工場のごとく整列している。それはまさしく、彼の偏愛精神を体現した有り様なのだ。

奥に進むと、大きな3段チェストが目に入る。息を殺して1段目の引き出しをそっと引いた。中には、赤い靴下が一面に敷き詰められている。一体、何足あるのだろうか、数える気にもならない分量だ。2段目の取っ手に手をかけた。また、赤い靴下だけがぎっしりと詰まっている。まさかと思いつつ3段目の引き出しに触れたその時、奥からさらなる赤い靴下たちが溢れ出て、まるで命ある生き物のように蠢《うごめ》きはじめた。あっという間に私の足元は埋め尽くされ、辺りは赤い靴下の海と化し、そのまま私は海中に潜り込んだ。赤く紅い世界へ。

ある晴れた日の昼下がり、美術家・横尾忠則さんの

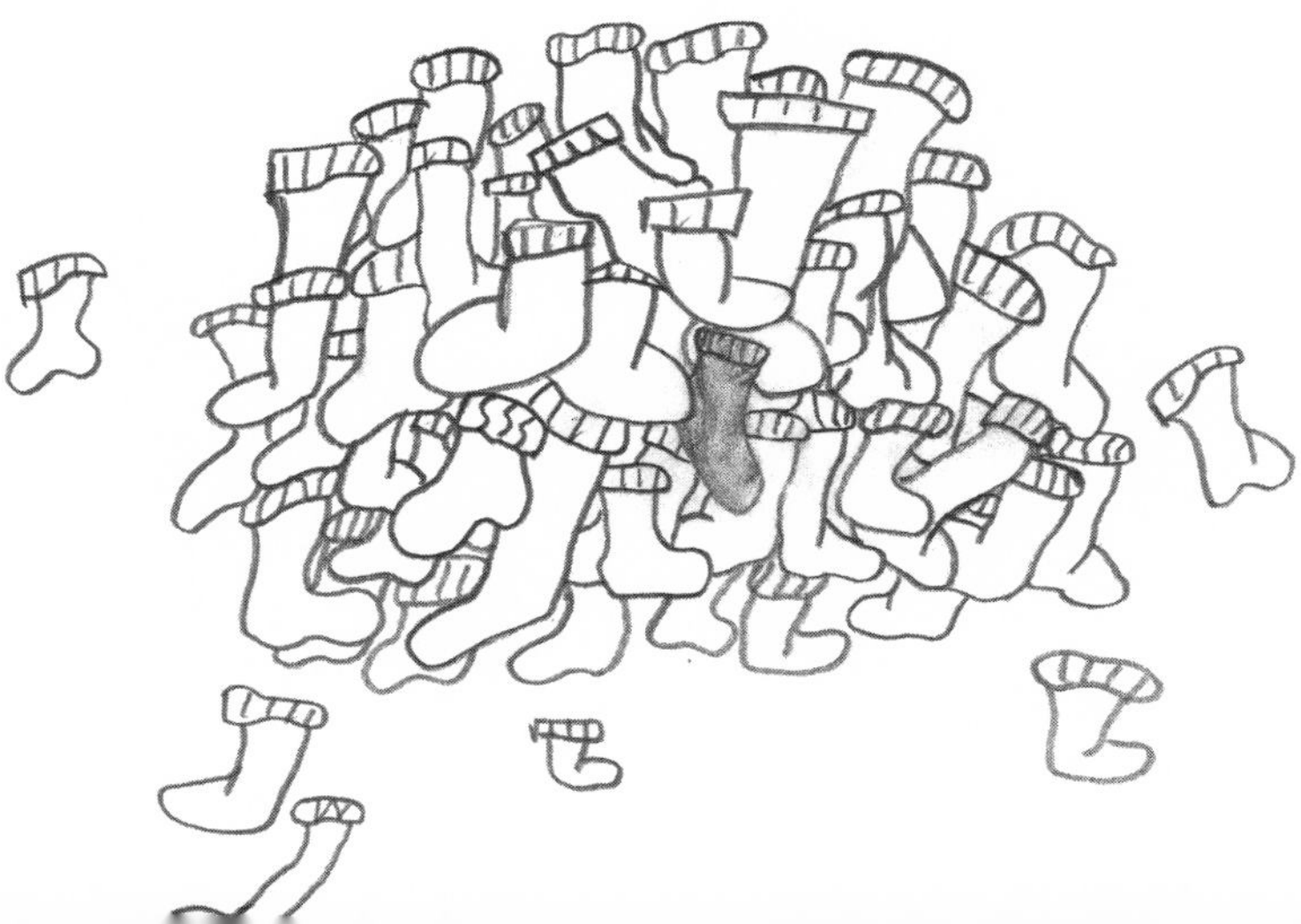

アトリエを訪れた。ミントグリーンの門を開け、真っ先に目に飛び込むのは、建物から生える鮮やかなレモンイエローのラインだった。中へ通されると、庭一面の窓から自然光が降り注ぎ、壁にはいくつもの描きかけの巨大なキャンバスが所狭しと立て掛けられていた。

「僕はね、難聴で聞こえないから、これで話しましょう」

私には割り箸の先に括りつけられたピンマイクが手渡され、横尾さんのほうは、トランシーバーから伸びるイヤフォンを片耳に差し込んだ。私たちの距離は1メートルそこそこなのに、なんだか宇宙人と交信しているようなトキメキを覚えた。

「裕也さんとはね、60年代からの古い仲で、ある時たまたまお互い同じメーカーの赤い靴下を履いてたら、彼が突然『横尾さんのと取り替えっこしてくれませんか？』と言ったの。それで取り替えたらさ、彼が履いていた靴下はガーゼみたいに薄くなってて、えー！　って。僕のは結構新しかったのに」

横尾さんが、それはついこの間の出来事だったかのように話しながら苦笑する。

「ほんと、子供みたいなの、裕也さんて。お葬式でさえ赤い靴下で通したよね。でもね、ものを作る人は頭で考えず、体自体が表現体なんだよね。彼はまさしく芸術の重要な核のインファンテリズムを持ってたんだ」

「横尾さんもそうですか？」

「そうね、僕もそういうとこある」

不意に、少年の忠則くんと裕也くんが鬼ごっこする情景が浮かんだ。

「まだ携帯電話なんかない頃、僕が四国のホテルにいたら突然、裕也さんから電話がかかってきて、いきなり怒るの。僕を探し出すのが大変だったって。ようやく僕がいるホテルを突き止めて電話したら、オペレーターに不審がられて、部屋へつないでくれないから喧嘩したって。

そんなに必死に探すなんて、僕にどんな用事があるのかと思ったら、『今ニューヨークに居るんだけれど、ＭｏＭＡに横尾さんのポスターが展示してあるのを見て、嬉しくなって電話したんだ』って言う。こんな大げさなこと、彼しかしないでしょう。なんだかすごい友情を感じたよ」

私は横尾さんに会うのは人生で３回目だけど、横尾さんという表現体は確実に私の原風景にいる。幼い頃、一人で留守番をしていた私が夢中になったのは、母の書庫にあった横尾忠則画集だった。そして、何度引っ越しても必ずわが家の最も居心地の良い場所に君臨していたのは、横尾さんが描いた、父が生涯ライフワークとして主催していたニューイヤー・ロックフェスティバルの記念すべき第1回（1973年の大晦日～74年元日）のポスターだった。その画面にはヒマラヤ山脈、富士山、ピラミッドがそびえ、頭がトラで胴体がウシという生き物（丑年から寅年へ替わる）が滝を横切っている。空には内田裕也が飛び、山の頂にジョン・レノンの顔が彫られている。

　私はアートというものを認識する以前に、横尾さんの画集やポスターから、目に見えないものの存在や創造の翼を教えてもらったのだ。そしてどうやら、あの父も得体の知れない世界の住人らしい、と空想した。

「僕の知りうる限り、同じく幼児性を核に持つ人はもう1人、三島由紀夫さんくらいかな」

　ひょいと登場したビッグネームに、自分のリアリティーが異次元へシフトした。

「僕のことを三島さんがよく気にかけてくれたのは、その部分で通じていたからだと思う」

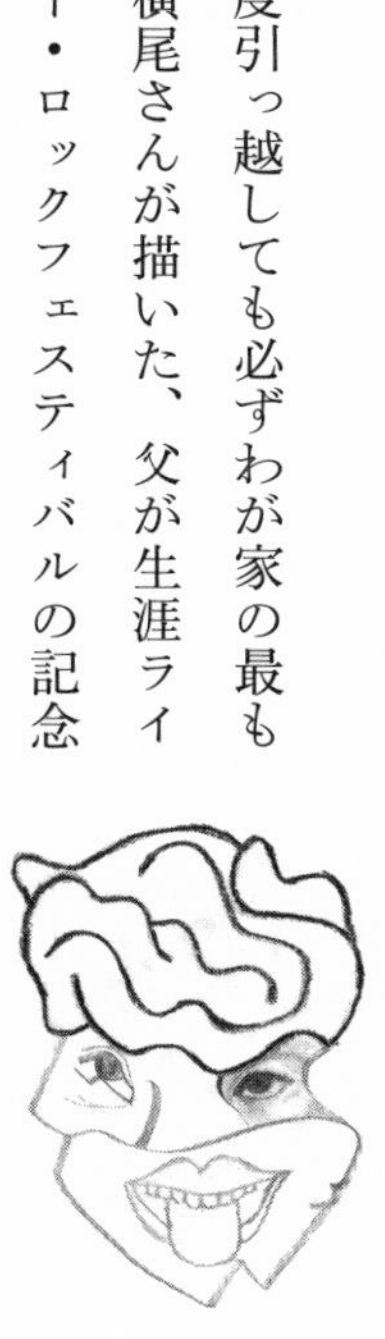

あの三島由紀夫から「横尾くんの作品は無礼だ」と言われたそうだ。それでいい。けれども最も大切なのは、礼儀礼節を磨いた人間性だ。創造の縦糸と礼儀礼節の横糸が交わる点から生まれる作品は霊性が高い。この世俗世界に認められなくてもいいけれど、天に認められる作品を作りなさい——と、こんこんと説かれたという。

「裕也さんて、一見、礼節がなさそうだけど、実は礼節が一番ある人。だからもし三島さんが生きてたら、通じ合えたと思うよ。それと、裕也さんは損得勘定なく自ら進んで世間に抵抗していく人だったけど、僕の場合は人生ずっと他力本願なの。自力本願なのは絵を描く時ぐらいでちょうど良い」

本人曰く、横尾さんはものを考えない子供として育った。自立精神がなく、愛のコントロールを受けたから、主体的にことを起こそうという気がないそうだ。人の言いなりって便利だなとさえ言う。

そもそも生まれた時から運命に従う人生だった。自分が養子だったことを知ったのは高校生の時。それはさぞかし衝撃的体験だったかと思いきや、思ったのは「案外そんなもんか」。感傷的にはならなかった。養父母はとにかく猫可愛がりしてくれた老夫婦だったが、二人とも横尾さんが20代の時に他界した。幼少期は親の死を何よりも恐れたが、それが現実になると、「やったー！　これでやっと大人になれる」と解放感を味わった。

物心ついた頃から絵を描いてきたが、職業にはしたくなかった。ほんとは郵便屋さんになりたかった。他人の手紙を遠くの誰かに届けるなんて、まるでロマンティックな天使のよう。でも忠則くんは、どんな時もやってくる運命に従った。

高校の先生から「郵便屋にならず、美術学校へ行け」と言われ「はい」と頷いた。しかし、受験直前に突然、美術教師から「明日の入試は受けないほうがいい」と宣告されれば、理由も聞かず素直に「はい」と田舎へ帰る。地元の印刷屋に勤めた時は配達中の印刷物を雨でびしょ濡れにし、クビになるも誰にも言わずにいた。せっかく電車の定期券が残っていたので、用はなくとも黙って出かけ続けた。喫茶店で開催する5人展へ作品を出したら、神戸新聞社の人が立ち寄り、うちで働かないかと声をかけてきたので「はい」。先輩から「ある女の子が君を紹介してほしいと言ってるので会うか？」と聞かれて「はい」と会い、1週間後には同棲していた。横尾さんも気になっていた女の子だったのだ。その泰江さんとは、なんと今年で結婚66年目。

横尾さんにとっての「はい」は、人生の扉を次々と開けていく魔法の言葉だった。

まるで、ジョン・レノンがオノ・ヨーコの個展で、はしごを登り、虫眼鏡で発見した、あの天井に書かれた〝ＹＥＳ〟のように。

「僕と奥さんは一回も観念的な会話をしたことがないの」

私は思わず絶句した。私など、19歳で夫と一緒になってからずっと観念的な会話ばかりで、その都度うまく折り合いがつかないと喧嘩ばかりを繰り返してきたのだから。

これほど平和な夫婦関係がこの世にあるなんて！　私たち夫婦はなんと無駄な時間を費やしてきてしまったのだろう……と羨望と自戒のため息。項垂《うなだ》れる私に横尾さんは、大自然は図らずともそれなりに調和が取れていて、人はなるべく知識や考えに頼らず、自然にあるがままに生きるのがいい、と言った。

「人が観念を突き詰めていけば、破壊に向かう可能性があるし。僕は絵を描いていればそれでいい。めんどくさい事はしたくない。毎朝、僕がアトリエへ出かける時、玄関先で奥さんが持ち物を確認してくれるの。鍵持った？　財布持った？　靴下ちゃんと履いた？　って。それがすごく助かるの」

微笑む顔がまるでいたずら少年のようだ。

「僕は、社会と一体化して生きていない」

では、どんな世界に住んでいるのか？

横尾さんのとても狭い世界は、宇宙まで突き抜ける広大無辺な世界。この社会は五感で感じる世界で、自分としては解明できない世界に興味があり「わからない」ことが原動力。だからこそ、運命はすんなり受け入れるというのだ。

「しゃーないやんけ、なるようになる」

なんて安堵を覚える響きだこと！


横尾さんが初めてニューヨークの地を踏んだのは１９６７年。時代はベトナム戦争、ヒッピーやサイケデリックムーブメントで混沌とし、若者の意識が猛スピードで変化していた。「この年に行ってなければ、今の自分はなかった」と断言するのも無理はない。渡米してすぐにアンディ・ウォーホルとファクトリーで出会い、ジャスパー・ジョーンズ、ロバート・ラウシェンバーグなど、次々とポップアートの洗礼を受けた。当時グラフィック・デザイナーだった横尾さんは「商業的アートではなく、シリアスアーティストになるべきだ」と誘われたが、この時は興味が向かわなかった。ただ、20日間の滞在予定が、気づけば４ヶ月が過ぎ、心配した泰江さんが日本から迎えに来た。

その13年後、稲妻に撃たれたかのように突如、画家へ転身する。ニューヨークとは何度も行き来をしていたが、ひょんなことからMoMAで催されていたピカソ展を訪れた際、その瞬間はやって来た。ピカソの作風が昨日と今日で劇的に変化する自由さに「なんなんだ！　スタイルなんてなくていいんだ。僕は素直に生きてないじゃないか!?」と衝撃を受けたのだ。MoMAを出る頃には、横尾さんの決心はついていた。東京に戻るとすぐギャラリーへ行き、絵の展覧会をさせてほしいと直談判した。ちょうどその場に居合わせた新聞記者が、これを「横尾忠則、画家宣言」という記事にした。絵の描き方も知らないまま、無謀な転身にも思えたが、横尾さんによれば、「あれは他動的な力が働いて、また運命を受け入れるしかなかった」。

あれから43年を経た画家人生は、きついことのほうが多いと言う。

「もうねぇ、しんどいから描きたくないの」

絵を描くことは、修行に似ている。描く時はなるべく考えず、心を空っぽにする。それは現代美術の最先端にあるコンセプチュアルアートの対極でもある。

「だから、競争相手がいない自由さはある！」

2023年秋に、東京国立博物館で、「寒山拾得《かんざんじっとく》」を独自に解釈してきたシリーズの新作で、「寒山百得」と銘打った自身の最大のシリーズを発表する。なんと1年で100点もの新作を仕上げたのだ。描く気力も体力も一番あったという40代でも仕上げたのは年に36枚だったという事実が、とんでもない力に突き動かされている86歳の今を物語っている。横尾さんがテーマとしている寒山と拾得とは唐の時代の伝説の僧侶。

「自由の権化のお坊さんだから、何を描いたっていい。ほら、そこに映画『ランボー』のスタローンと、詩人のランボーと、江戸川乱歩の絵があるでしょ」

これまた自らテーマを決めつつ、それをも拒絶し、ともすればダジャレとも取れる縦横無尽さ。

「とにかくね、軽いのがいいの。目指すところは、どんどん軽くなること。自分も、絵も。それこそ落書きみたいな軽やかさ。でもそれって、むしろ難しい。『いいかげん』って、『良い塩梅《あんばい》』でしょ?」

また、少年のように瞳を輝かせた。

「也哉子さんは、46歳だっけ? 僕は45歳で画家に転身したから、あなたもこれから楽しみだね。なんだか今日は、裕也さんも、希林さんも一緒に来てくれた感じがする……」

通信機のスウィッチを切り、アトリエを辞すると、夜のとばりが降りかけていた。今し方まで感じていたはずの時空がふと軽くなり、すべては夢だったのかもしれないと、思わず来た道を振り返った。

よこおただのり／1936年兵庫生まれ。美術家。ニューヨーク近代美術館、パリのカルティエ財団現代美術館など世界各国の美術館で個展を開催し、国際的に高い評価を得る。2012年神戸に横尾忠則現代美術館、13年香川県豊島に豊島横尾館開館。小説、エッセイの執筆活動でも著書多数。朝日賞、高松宮殿下記念世界文化賞受賞。日本芸術院会員。文化功労者。

マツコ・デラックス

neither left nor right

2023年3月　日本テレビ楽屋にて

月曜の夕暮れ時、私は長らくその存在が気になっていた人に会うために、我が家で20年以上乗り継がれてきた唸るトヨタオリジンを駆って、首都高を汐留へと向かう。高層ビルの駐車場入口から地下へ地下へと螺旋状にぐるぐる潜っていく。所定の場所に車を停め、そこからセキュリティーを2つ通り抜け、その人の楽屋をノックした。

中からコントラバスの重低音のような「はい、どうぞ」が悠然と響きわたる。扉を開けると、その人はドレッサーに向かい本番前の身支度の途中だったが、「鏡越しに話すのもなんだから」と私と向かい合うように座り直した。

テレビで観ない日はないからこその親近感かといえば、決してそれだけではない。その包み込まれそうなオーラに安堵もし、圧倒されもする。シンプルな黒のワンピース、髪はうしろで一つに束ね、顔はファンデーションの下塗りをしただけの、まだ女性でも男性でもない佇まい。それだけに、得体の知れない生命体そのものの神々しさが際立つ。ふと昔観たダニエル・シュミットのドキュメンタリー作品『書かれた顔』に映し出された、舞台を前に妖艶な女になっていく歌舞伎役者が頭をよぎった。

マツコ・デラックス。さて、あなたは何者なのですか。

「私はバランスの世界に生きている、太ったおっさんです」

この人を書くときは彼なのか彼女なのか、もっとふさわしい三人称はないのか、私はさんざん迷っていたのに、本人自ら「バランス」と言い、「おっさん」と言ってのける。それらの言葉の意味の深淵を覗いてみたい。あなたの起源はいかに——。

小学校の頃は内緒で母親の口紅を塗ってみたりした。男性が好きだという自覚もあった。成人する頃には女装をする喜びを見出していたが、あくまで趣味の範疇《はんちゅう》にとどめていた。

「90年代になって、それまで通称ホモだった人々がゲイと呼ばれるようになり、テレビの討論番組で宮台真司さんや伏見憲明さんらがアカデミックな視点でゲイ文化を論じているのを聴いて、ようやく自分事として、社会におけるゲイ・アイデンティティの在り方に強く惹かれたんです」

それを追求するべく、志高く門を叩いたのはゲイカルチャー専門誌「Ｂａｄｉ」の編集部だった。ここで文章を書き始めると、同誌の愛読者であった作家の中村うさぎさんがマツコさんの書くものを高く評価し、後に多くの共著を出すことになる。

文才を発揮できる自分の居場所を見つけたと思いきや、ゲイであることを意識して生き始めた故の〝現実〟〝社会〟への疑問、満たされぬ思いが心の奥に降り積もって澱《おり》となり、数年経ったある日、爆発する。

「みんな、なんでもっと意地張って生きないの⁉」

編集部員一人ひとりに引導を渡すかのように、「あなたのだめなところはね……」と言って回るやいなや、会社を辞めてしまった。

勢いよく自ら職を失くした28歳は、しかし行くあてもなく実家へ出戻る。次の目標にシフトする勇気も行動力も曖昧になり、ひきこもり生活が始まった。見るに見かねた母が実家の引っ越しを宣言する。

「新しい家には、あなたの部屋は無い」

やむを得ず始まった独り暮らしでは、ひもじさと閉塞感にさいなまれるが、しばらくすると一筋の希望の光が差し込む。文筆業とテレビのコメンテイターの仕事が増え始めたのだ。その美意識、性別を超えた存在に対する認識、まっとうな本音（世間はそれを毒舌というが）によって、みるみるうちに視聴者の価値観を揺るがす唯一無二の存在となった。

しかし、自らつかみ取った主戦場たるテレビで、「家と仕事場を行ったり来たりするだけの毎日だわ」「通勤拒否になりそう」と、よく溜め息をつくようになった。画面越しの私にも、それは冷めたふりではなく本音に聞こえた。

「仕事以外にやりたいこともないいんだけど、もしできるなら、どこか人の少ないところで、また何かしたい衝動に駆られるまで、ぼーっと廃人のようにしていたい」

それならば一時的に長期休暇を取るというのはどうだろう、と私は初対面にもかかわらず引き留めたくなる。

「コロナ禍で2ヶ月半休業状態を経験したけれど、期限が来たから復帰するというのでは、私の場合は不健全。休むなら無期限にしないと、腑に落ちない。もしかしたら休んだまま人生を閉じるかもしれない——それぐらいの覚悟で真摯《しんし》に向き合わないといけない切実さがあるの。

先の方を見てないと、人って不安で、目標的なものを設けないと行動しづらいでしょう。それが私には今、まったくなくて……」

先の方に何か見えていたはずなのに、近づいたら、「違う！　ただのでっかい岩だった」。がむしゃらに頑張っていれば、何かが現れると思っていたが、何も現れず、ずっと同じ荒野の一本道を歩いているような感覚だという。

「よく考えたら、これだけ20年近くも同じ場所に居続けたことがないから、私がここにとどまる時間としての限界を迎えているのかもしれない」

と言いつつ、数秒の間を置いて「うん……待ってる……」とゆっくり頷いた。そうか、マツコさんはまだ、何かが現れるのを待っているのか。

「私、芸能界での心残りは、樹木希林さんにお会いできなかったことなの」

マツコさんが思いがけなく私の母のことを語り始めた。

「NHKスペシャルで樹木さんのドキュメンタリーを観て、断片的に母を感じたの。同時に、私自身の中にもすごく樹木さんに通じる部分があると思った。なんかこの人、自分の中にいるなんだかわからない生き物と毎日向き合って生きていたんだなって。

樹木さんは、演技を絶賛されるとか、表彰されるとか、世の中に褒められても喜ばないし、けなされてもなんとも思わない。ただ、的外れなことだけは訂正したい。そういうところも共感する。樹木さんも若い頃は破壊的だったでしょう。私ももしブレーキもかけずに突っ走っていれば晩年の樹木さんのような佇まいと言動になれるかもしれないのだとしたら、その希望を支えに生きていこうかしら」

マツコさんのお母さんは、どういう人だったのだろう。

「母は、太陽みたいな人。1ミリも不貞腐《ふてくさ》れない母が、家族の救いだった」

笑顔と〝デカい声〟がトレードマーク。39歳で一人息子マツコを授かった。生活は慎ましく、家電は周りから5年は遅れて購入する。家族旅行なんて概念そのものがない。息子が小学校に上がると、同級生のお母さんに比べたら「ずいぶん老けてた」けれど、誰より溌剌《はつらつ》としていた。

7年前の朝、ベッドで眠ったまま起きてくることはなかった。深刻な病気を患っていたわけではない。傘寿も越えてあるがままに刻が来たのだと思っている。

お父さんは、引き出しに妻からの手紙を見つけた。

「私が死んだらここへ連絡してください」

遺された夫と息子が困らないように、葬儀場と予算を決め、電話一本で話が通るようにしてあったのだ。年金や銀行口座の解約手続きについてもわかりやすく記され、その誰にも迷惑をかけない徹底ぶりには感服するしかなかった。確かに、身終いにおける余念のなさは、私の母にそっくりだ。

孫の顔は見たかったと思う。それはできないこと、しかたのないことだし、孫がいるのが当たり前でもない。とはいえ、叶えてあげられるのは自分だけだったのにと、申し訳なさが拭えない。

「母は息子の私に一度たりとも要望を言わなかった。私はお金が入るようになってから、せめてもの親孝行の真似事で、両親の誕生日や母の日、父の日にまとまった額を送金していたんだけど、1円も手をつけていませんでした。母は〝頑張って自分の生き様を貫いたランキング〟で言ったら相当上位。テコでも嫌な自分を見せずに逝った。それはもう、腹立たしいくらい見事だった」

息子と似ているところは？

「自分がきつくても、人前ではとりあえず笑って、減らず口を叩いてやり過ごしてしまうところ。

戦争、高度経済成長、バブルの時代、その崩壊を経験した母が、いつも笑っていたのは、よくわからない時代を生きる処世術だったのかもしれない。自分の中にある辛辣な部分を、とんでもない陽気さで覆っていたのなら、それこそ狂気だったのかもしれないわね。女の一生をちゃんと聞いておけばよかったかな……」

母の心の内を知り得なかった切なさを覚えると同時に、「自分の親だからといって、生い立ちとか来歴とか本心なんか知らなくてもいいのかも」と、アンビバレントな思いが交錯する。

「正直言って、あの人は私にとってカセでもあった。でも、私が自分というものは押し殺して我慢してでも『あなたには幸せでいてほしい』と思えた人が、もういなくなってしまった……。

母には自分がゲイであることも、異性装をしてテレビに出ていることすら言ってなかったんです。……さすがに気づいてはいたはずだけど、面と向かって言えてないのは、心残り」

父親は建設会社に勤めていた。戦後、子どもだった父は満州から引き揚げてきた。とてつもなく寡黙な人が、満州の残留孤児が帰国するニュースを観ながら放った言葉が忘れられない。

「あのまま残っていたら、俺もこの人達みたいになっていたかもしれない。そうしたら、お前達も今、こうしてはいられなかったんだぞ」

それきり、父から戦争の話を聞くことはなかった。

唯一の身内となった父が91歳の今、マツコさんは自問自答を繰り返している。

「私は完全な自由に耐えられるのか？」

遠からず、正真正銘の天涯孤独となるだろう。子どもを持つ人生も持たない人生も、どちらも等しく価値があるのは当たり前。ただ、野性的ではない生き方をする現代の私たちにとっても、子孫を残すことが人間本来の醍醐味のひとつであるならば、親や子どもや孫というカセから解放されて完全な自由を手に入れることは、果たして人間らしく生きることとなのかという恐怖があるのだ。

「もっとも、自由というのはいろんなものを自分に課しながら手に入れるもの。犠牲も伴うし、孤独だし。私は、不意に自由が目の前に飛び込んで来たときに『Ｙｅａ h！　私は自由だ！』と手放しに解放感を謳歌することにはならない気がする」

自分のセクシャリティについては、こだわりがなくなったという。アイデンティティそのものさえ曖昧だ。

「自己完結できるものと、社会と照らし合わさなければいけないものと、自分が認識しているものと、他者が認識しているもの……アイデンティティとは、様々な相手や状況によって揺らぐものだと、経験でわかってしまったの」

確固たる自分のアイデンティティがあるからこそ、他者へ放出するのが怒り。若い頃は、社会には「なぜ、わかろうとしないのか」、ゲイの仲間には「なぜ、もっと意地張って生きないのか」と怒ってきた。しかし、相手には相手の立場があることを受け入れられるようになると、怒りの導火線がなくなってしまった。

「アイデンティティに固執するのはむしろ楽だけど、私は誰にでも公平な目を持ち、どこにも属さない人にならなければいけないという思いが強くなってしまった」

公平なんてこの世にないはずなのに、公平でありたい。「真ん中にいなきゃいけない」と常に〝中庸〟を意識していることで、自分で自分を苦しめているのは百も承知だ。

「苦しんでこその人生と思っている自分は、ドSで、ドMね。他人から追い込まれたり、あるいは追い込んだりすることに高い免疫が備わってしまった」

バランスの世界に生きているとは、そういう意味だったのか。

「そもそも究極の幸福を感じたことがないし、絶望をしたこともない。それはコンプレックスのひとつね。そこを知らないと到達できない域があるはず。だから、極端な域にまで振り切れることができるような自分勝手な人に、私は永遠に憧れているの。私自身はつまらない人間なのよ」

そうだとしたら視聴者たちは、なぜにこれほどまでマツコ・デラックスを求めるのか。

「中庸をやりすぎている人間というのも、面白がられるのかもしれないわね」

童子のようにも、仙人のようにも思える。マツコ・デラックスとは、清と濁を、陰と陽を、男と女を、縦横無尽に行き来できるアイコンでありながら、自身が常に相反する感情や価値観の間で揺れ動いてきた生身の人間でもあった。

番組の収録開始時刻が迫り、後ろ髪を引かれながら私は楽屋を辞した。やがて万華鏡のようなドレスを纏い、深紅の口紅を差したマツコさんがスタジオに現れ、鳥居のような巨大な〝唇〟のセットに立つ。先ほどまでの柔和さとは別のペルソナをつけ、滑らかな毒舌とユーモアでスタジオ観覧者を瞬時に魅了した。こうして出演者とオーディエンスとスタッフ、そして視聴者たちの夜ふかしが始まる。

このスタジオの上空から、マツコさんの意識はエンターティンする我が身をも眺めているに違いない。子どもの頃、テレビという窓から広い世界を知り、人を知り、言

葉を知った。あの同じ窓から、今度は私たちに市井の人々のおかしみ、哀愁を掘り下げながら知らしめてくれる。そしてきっと自分自身にさえ、生きることとは何かを問いかけているのだ。面白がりながら、その眼差しは、自分が迷うということにも正直でいよう、嘘なんて絶対につくもんか、と覚悟を決めた清らかさに満ちていた。

まつこでらっくす／1972年千葉生まれ。コラムニスト。美容専門学校を卒業後、雑誌編集者を経て執筆活動、タレント活動を始める。「5時に夢中！」「マツコの知らない世界」「マツコ＆有吉 かりそめ天国」など多くのテレビ番組に出演。著書に『デラックスじゃない』『世迷いごと』『あまから人生相談』など。

シャルロット・ゲンズブール

jane par charlotte

2023年6月　リモートにて

むかしむかし、いいえ、そんなむかしでもないのですが、あるところに、セルジュという男とジェーンという女がいました。ふたりはとても愛し合っていましたが、時にそれは大きすぎると立ちゆかなくなるもので、離れて暮らすことになりました。ふたりにはシャルロットという娘がいたのですが――。

この夏、私は東京の書斎と、シャルロット・ゲンズブールのパリのアパルトマンが、インターネットを介してつながるという幸運に恵まれた。『夢見るシャンソン人形』に代表されるフレンチポップスから恐れを知らないインモラルな曲までを作り、歌い、自らの恋人や娘にも歌わせ、演じ、「フランスの宝」と称えられた比類なきアーティスト、セルジュ・ゲンズブール（１９２８〜91）を父に、そして英語訛りのフランス

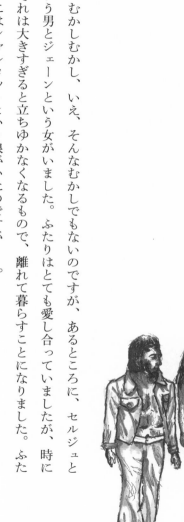

語のウィスパーヴォイスで歌い、演じ、エルメスにその名を冠したバッグをつくらせるほどのファッションアイコンでもあったジェーン・バーキン（1946年生まれ）を母に持つシャルロット。80年代にちょっと恥ずかしがり屋でおしゃまな少女としてスクリーンに登場して以来、世界中の老若男女を魅了してきた。父親が恋多き奔放な人として知られ、幼い頃に母親が家を出て行き、眩い家族の光景をあきらめるしかなかった彼女に、私はほんのりシンパシーも覚えていた。

その人が、ラップトップの画面にふわりと登場する。深緑色のソファの前に座り込む52歳になった彼女は、柔らかい朝陽に包まれていた。おそらくメイクはしていない。髪は無造作に光とたわむれ、ボルドーのシャツがさらっと肌に馴染んでいる。

この少し前に、私はシャルロット初監督のドキュメンタリー映画『ジェーンとシャルロット』の試写を観ていた。それは母ジェーンの日本公演のシーンから始まる。

一曲歌い終えたジェーンがマイクにささやく。

「この曲を歌いたかった。セルジュがこんな歌詞を書いたから。

ことさらに君が知らないこと

——君は最高の僕を手に入れた——
ありがとう、セルジュ・ゲンズブール」

別れてもなお、ジェーンとセルジュがずっと歌で繋がっていたことに驚かされるが、一筋縄ではいかない男と女の関係があることは私もよくわかっている。母は私を宿しながら家から父を追い出し、だから私は一度も父と一緒に暮らしていない。数々の女性との関係を繰り広げる父に、母はFAXで誕生日を祝うメッセージを送り、そのFAXを父がずっと保管していたことを、私は父の遺品を整理する段になって初めて知った。

幼い頃に去って行った母と向き合おうとするシャルロットに、私はつい自分と父を重ね、彼女の歩くリズムがいくばくか自分に近いように感じた。

シャルロットが微笑んだ。

「也哉子さんが私の映画を観て自分のことのように感じてくれる、内なるものがほかの人にも響くのはうれしいです。9年前に母のドキュメンタリーを撮りたいという思いがむくむくと湧き上がり、でもそれはもっと一緒にいたいというシンプルな思いで、はっきりしたアイデアではなかったんですよ。

初めて母と一対一で話すシーンを撮った茅ヶ崎館は、小津安二郎監督もゆかりのある宿で、安らかな静けさと対照的に、唐突に乱暴な問いかけを私に突きつけられたと感じた母の心情が浮き彫りになりました。母と娘が同じ場所にいても、感じるものは違う。あのぎこちない距離感こそが私たちの自然の姿で、カオティックに始まったからこそ、この作品で何を撮りたいかが、少しずつ明らかになったのかもしれません」

日本旅館「茅ヶ崎館」は、小津安二郎監督の『秋刀魚の味』（62年）に登場する。当時文学座の研究生だった私の母は、杉村春子の付き人としてここに来ている。それから半世紀以上を経て、母の遺作となったドイツ映画『Cherry Blossoms and Demons 命みじかし、恋せよ乙女』もここで撮られた。

こじつけかもしれない。でも確かに、ジェーンとシャルロット母娘がカメラの前で初めて向き合う、映画で核となるシーンに他のどこでもない茅ヶ崎館の慎ましいひと部屋が使われていたことに、ごく私的な運命において映画の神様の息吹きに惹きよせられたような心地がした。

シャルロットが言う、映画の中でジェーンに向けた「唐突に乱暴な問いかけ」。それは、彼女が母に対して長年抱いていた問いだった。

イギリス生まれのジェーンは、18歳で作曲家ジョン・バリーと最初の結婚をして長女ケイトを生んでいる。結婚はすぐに破綻し、ジェーンはケイトを連れてフランスに渡り、セルジュと出会う。三人で暮らし始めると、ケイトはセルジュによく懐いた。そして結婚はしないまま、シャルロットが生まれる。シャルロットが10歳になったとき、母はケイトだけを連れて家を出ると、映画監督ジャック・ドワイヨンと暮らし始め、三女ルーが生まれた。

つまり、シャルロットにはそれぞれ父親の違う姉と妹がいる。そして、その後母と会う機会はあっても、姉妹の中で自分だけが疎《うと》まれているような気がしてならなかった。その理由を、映画の力を借りてでも知りたかったのだ。


「ふたりで向き合うと恥じらいみたいなものを感じる。そしてそうなった理由が私にはわからない。ルーやケイトには感じないでしょ?」

ジェーンがためらいがちに答えを探す。

「そうかもしれない……私はあなたに気後れしていた。あなたは〝地図にない土地〟だった。近づくヒントがなかった」

地図にない土地――なんと象徴的な言葉だろう。シャルロット自身は、こう振り返る。

「母にああいう表現をされたときは、ショックを受けました。『あなたはよそ者よ』と言われたような気がしたのです。やはり自分だけ他の姉妹たちとは扱いが違ったのだと」

しかし、母が役者で父はロックミュージシャンという表現者である両親を見てきた私には、親というよりアーティストの感性において、その言葉は娘への最大の賛辞のように思えた。それぐらい娘が特別な存在、届きたくても届かない、崇高な存在だと言いたかったのではないか。

つい他のきょうだいと自分を比べてしまうという現象は、どんな形の家族間にもある葛藤だろう。それぞれに父親の異なる姉妹ならなおさらかもしれない。そういうありのままのほつれを、幼い頃から俯瞰してきたのだと、シャルロットの慈しみ深い眼差しが物語る。

ひとりっ子の私には、この感情はわからない。しかし、母親としてはどうだろう。私には三人の子どもがいる。彼らは、自分だけ扱いが違うと感じていないだろうか。私は三人に等しく愛情を注いでいるだろうか。

「ただ、母は三人の娘とそれぞれ違う関係があるわけで、私と母の関係も唯一無二の在り方なのです。母と私の、この特別な関係が、その特別さにおいて美しい。これこそが私と母の関係の姿なんだ、大切にしなければいけないと今は思えるようになりました」

子どもそれぞれとの関係が唯一無二の関係——シャルロットの言葉に、私は背中を押された気がした。

人の感情はまるでオーロラのように移り変わる。親子とはいえ、いや、親子だからこそ、そのゆるぎない瞬間を切り取ることは容易ではない。

茅ヶ崎館で娘からの唐突な質問に始まった対話の後、母は独り言のように「撮影の先が思いやられるわ」とつぶやいた。

フランスへ帰国した母ジェーンは「映画の撮影は難しい」と、心を閉ざしてしまう。

それから2年の時が経ち、日本で撮った映像のラッシュを観て母のかたくなだった心がほどけると、ふたりは思い出の地であるパリ、ブルターニュ、ニューヨークを訪れ、対話を重ねた。

「私は『母を求め続ける娘』というテーマにより忠実になっていきました」

胸がずきんとする。私は多くの時間を共に過ごせなかった父だけでなく、母のこともわからないことだらけのまま、母が余命宣告を受け、旅立ち、まるで後を追うように父も逝ってしまった。それ以来、私の中には埋まらないままの空白のページがあるのだ。シャルロットは、彼女のブランクページを欲求に忠実に埋めていこうとしている。

ふいに、シャルロットが通話するラップトップごとキッチンへ移動し、手際よくコーヒーを淹れる。私は画面越しに香ばしさが漂ってくる錯覚に陥った。

ジェーンとシャルロットとシャルロットの末娘ジョーの三人が過ごすブルターニュの海辺の家のキッチンで、夕食の支度をしながら、その場にはいないシャルロットの長女アリスについて話しているシーンがよみがえってくる。

娘（シャルロット）「アリスが戻る日を待ってる」
母（ジェーン）「戻るわ。でも少し待たなきゃ」
娘「長くかかる」
母「そんなことない。人間は他の人も自分と同じだと思うという悪い癖があるのよ。私もすぐ〝自分なら〟と考えてしまう。でも自分と同じ人なんていない。今、アリスはこう思っているでしょう。『最高！　私は自由よ』と」
娘「どんな生活をしているか、ぜんぜんわからないの」
母「自由を生きてるわ」
娘「……」
母「娘たちが戻ってくるのはとても幸運なこと。それぞれパートナーや子どもがいて。でも年齢に関係なく戻ってきてくれる。それは素晴らしい喜びだわ」

ごはんを作ること、食べること。これらは人を素に戻す作業。お腹の底にある言葉がすんなりと出てくるようだ。

「ジョーの存在を利用させてもらおうと思ったのです。私ひとりでは気後れしてしまう場面でも、彼女がいればリラックスして撮影できるような気がしました」

実際、ジョーが加わったシーンは母娘の間に漂う空気を魔法のように中和させ、そよ風が通り抜けるのを感じさせた。

思えば、私自身も子どもたちが生まれたことで、長らく疎遠だった父と会う機会が増えた。まさしく子どもの成長の節目が、ばらばらだった家族の集まる唯一の口実となっていった。どうにも希薄な、あるいは、どうにも濃すぎて反発しあう関係において、大人たちの記憶やわだかまりなどそっちのけで、我が道を行く子どもたちという生命体が、「大丈夫、なんでもかかってこい」と人生のほころびを受け入れてくれたのだ。


映画の終盤で、ジェーンは自身の長女ケイトについて、重い口を開いた。

「その子のことを忘れたフリなんてしない。私みたいに楽観的な人が、こんな悲劇があるんだと知る。私は三人の娘を世に送り出したけど、三人ともいつか死ぬ。必

――要なときに近くにいられないかもしれない。それって悪夢よ」

ケイトは今から10年前、自宅のアパルトマンで転落死した。ジェーンは親としての自問自答や罪悪感で眠れない夜を過ごし、ケイトの写真も映像も見られない日々を送っていたことをシャルロットに打ち明ける。そしてシャルロットに対しても懺悔する。

「私はいい母親じゃなかった。あなたやルーのことを十分に考えなかった。ふたりのつらさを考えずに自分の悲しみに浸った。そのことで自分を責めてきた……」

これ以上、包み隠すことなどない。気がつけば、シャルロットがいつも母の前で感じる恥じらいは泡と化し、地中深く繋がる母と娘がそこにいた。

映画の中のシャルロットと、目の前のシャルロットが交錯する。シャルロットと私の幼き頃の眠れぬ夜が交錯する。セルジュの館と茅ヶ崎館が交錯する。シャルロットのコーヒーと、私の炭酸水が交錯する。愛が膨らむほど恐れが大きくなる。大切なものを失う恐れが。失った後には、何が残るのだろう。

シャルロットとの対話を終え、無機質なパソコン画面の「ミーティングを退出」ボタンをクリックする。

その半月後、ジェーン・バーキンの訃報が世界を駆け巡った。

やさしいシャルロットの声がよみがえる。

「也哉子さんのアーティストとしての視点には、通じ合うものを感じました。私たちには共通点がたくさんありますね。子どもというのは得てしてないものねだりなところがあるでしょ。母は、私の女優としての活動をとても高く評価してくれていますが、私は女優としての評価よりも、何か違う繋がりを欲しがっているのかもしれません」

お父さんとお母さんが離れて暮らすことになり、それからはお父さんと暮らしていた少女は、わりと早くに自分の足で立つおとなの女性になりました。

長らくお母さんとのあいだには、まるで濃霧のようなつかえがありました。けれど、お母さんがこの世を去る前に一緒に旅をして、わだかまりは徐々に晴れていきました。

実はそのずっと前から、自分は誰にも触れられない愛を手に入れていたのだということを、彼女はもう知っています。そして、私たちはどんなにおとなになっても、お母さんにちゃんと叱られ、褒めてもらいたいひとりの少女にすぎないのだということも。

しゃるろっとげんずぶーる／1971年イギリス・ロンドン生まれ。俳優。84年に13歳で映画デビュー、翌年の初主演作『なまいきシャルロット』でセザール賞の有望若手女優賞を受賞。以降、多くの作品に出演。2021年に母ジェーン・バーキンを追った『ジェーンとシャルロット』で映画監督デビュー。23年から日本で公開され話題を呼ぶ。

あとがき

物心ついた頃から自分はいびつな家庭環境に生まれたのだと、どこか俯瞰する癖がついていた。人が私を見るときに、あの変わった両親の娘という色のセロファン紙を通して見られていることも、早くから自覚していた。父はささいなことから、大きなことまで様々な事件を起こし、母がそれを包み隠さぬものだから、基本的にいつも初対面の相手には、親の話を伏せ、何ならちょっとした嘘もついて匿名性を必死に守ろうとしてきた。けれども日本で暮らす限り、何かの拍子に素性がばれるのは必然的で、そういうわけで私は幼い頃からインターナショナルスクールで、多国籍の中で過ごすことになったのだ。そんな努力も虚しく、私は物心ついた頃から、自分の存在が独立した「個」というより、どこか樹木希林と内田裕也の一部であると潜在的に感じてきた。だからまっさらな状態で、誰かと何かを始められる日本ではない居場所を求めて、小さい頃から異国を転々としていたのかもしれない。当然どんな人でも、誰かの子として生を享けた以上は、何かしらのしがらみがあるわけなので、立ち位置はみな等しい。ただ「あの二人を知っている」と明言されるだけで、大きな図体の私の心臓は、小さく縮こまるのも本当だった。

精神分析用語におけるコンプレックスとは、情緒的に強く色付けされた表象が複合した心理。抑圧されながら無意識のうちに存在し、現実の行動に影響力を持つ。複合感情、複合観念。ならば私は、完全なるマザコンであり、ファザコンである。ところが、まだ未成年だった私は、自ら傷口に塩を塗りこむが如く、本木雅弘というこれまた表に晒された謎多き人物との結婚を選択した。当時の彼はアイドルから役者へと変貌しながら、日本の芸能界では初となる男性のヌード写真集を出したり、紅白歌合戦に歌唱出演する際、エイズ撲滅メッセージを込め、いくつも膨らませたコンドームを首飾りにして現れ、NHKをしばらく出禁となるなど、前例のない表現にまっしぐらだった。正真正銘、家庭内が一筋縄ではいかないメンバーの宝庫となり「奇天烈な俳優の妻」というラベルをも、自らおでこに貼りつけてしまった。となれば、この世に「夫コン」などという言葉は存在するのだろうか？　遠ざけようとする奇妙で難解なものに、敢えて近づいてしまい、トリプルコンプレックスとなった。

そんな混沌においても、赤ん坊という自然現象が現れたのは21歳の時。「子どもが子どもを産む」という言葉がしっくりくるようだった。母は丁寧な子育ての手解きをしてくれるような人ではなく、夫も仕事が忙しくほとんど日中は家に居なかった。食物アレルギーを持って生まれた長男に、何を食べさせるか試行錯誤し、一喜一憂し、終わりのない日常に孤独を感じることも多かった。けれども、自分の時間が足りないと焦りつつも、エッセイの連載だけは続けていた。写真展や写真集について月刊誌「太陽」で書いたり、季刊誌「リトルモア」では、現在に至るまで書くことの動機となった、人と会い文章を書き、のちに『会見記』という本にまとめた。思えば、心がカオス状態の時ほど、私は書くことで、なんとか平静を保ってこれたのかもしれない。子どもとの日々は、苦労のみならず新鮮な驚きの連続でもあったが、書くことは、ちょっとした日常からの逃避行のようで、しっかりと空想の世界を飛び回れば、戻ってきてまた現実世界に根を張れた。

＊

ただでさえ人が亡くなると様々な後始末に追われ、自分ひとりで物思いにふける時間など、ほぼなくなってしまう。そんな最中、文藝春秋社から、このたび創刊される季刊雑誌「週刊文春WOMAN」で連載を始めないかというお誘いを頂いた。冷静な頭からは「今は何も考えられない」と信号が送られてくる。けれど胸のどこかで、何かを書くことで、今をなんとか生きられるかもしれない、という漠然とした灯のようなものがはためいた。しかも、たった二人の女性（井﨑彩編集長と小峰敦子さん）で立ち上げる雑誌というのだから、こんな斬新な挑戦に飛び込まない方が後々自分が後悔すると思えた。彼女たちの熱意ある美しい手書きの長文レターも助けて、我が人生で最も猫の手も借りたいその時に、無謀にも連載を引き受けてしまった。挿絵もご自由にと言われ、では我が家の8歳児に描いてもらおう、といささか調子に乗ってしまった気もするが、年月を経て彼も今や13歳の歴としたティーンエイジャーになり、作風の変化もドキュメントの一部と化した。

本音を言えば、この連載は母や父という自分の中で大きくなりすぎた存在からの独立の願いも込めて始めた。出会う相手と話すテーマや形式は自由でいいという意味でも、ひとりでまっさらにはじめるBLANK PAGEと名付けた。故に、人と会いエッセイを綴ることもあれば、人と会わずに旅をし、つれづれを書いてみたり、対談をして放った言葉を文字起こしすることもあり、5年に渡る心情のコラージュとなった。ただ、敢えて自分では迂回したつもりでも「あれ？　また母の面影がちらついている。父の残像をなぞっている」と、避けたところに引き戻される自分がいた。彼らに固執し続ける自分の変わらなさがもどかしく、もう逃げたいとも思った。けれども次に会える人が決まると、その喜びと高揚感で不安が帳消しになった。

ゲストとの待ち合わせ場所には（あわや締め切り間際で至急録音が必要となったお三方との対談以外は）いつもひとりで向かい、先方もひとりで待っていてくれた。なぜ二人きりの対話にこだわったのか？　それは、誰か一人でも多く傍観者がいることにより、つい恥じらいが生まれ、胸の裡を隠そうとしてしまう恐れがあるから。もちろん大勢の人たちと集まり、語らうことも変えがたい経験ではあるが、私はこの旅路において、一対一でしか生まれ得ない語らいのリズムや音色をどうしても必要としていたのだ。たとえオブザーバーが同席する場面でも、気負わず素のままの思いを柔らかく保つことを心がけた。そして、よく知っている人とも、初めて会う人とも得てして、心の引き出しに仕舞われたものを探し当てるように、生きること、死ぬこと、人との関わり、子である自分が大人になる道のりについて語らうことが軸となった。もう一方で打ち寄せたのは、沈黙の心地よさだった。言葉と言葉の間に佇む静けさ。それぞれの思いが熟成されるような間。その内省の瞬間を共有することで、一見、何も起きない「寂」のひと時の美しさに感じ入った。ふりかえれば、異なる道を歩んできた方々と向き合うことで、私の中のコンプレックスという頑なな塊は、水に浸されたようにじわじわと溶けて広がり、目に見えない粒子として浮遊し、えも言われぬ開放感を残した。

人と対面し、言葉やそれ以外の何かを互いに対流させ、その目には見えないエネルギーを体内で巡らせながら、ひとりで反芻し、言葉に変換した結果が文章となった。それらが紙に刷られる前に、第三の目となる編集者との対話がはじまる。この問答も私にとっては、かけがえのない心の清掃となった。動くことを拒んでいた心が、ぎこちなくも自家発電を促され、書く行為は独りでも、決してひとりきりでは書くことができなかった。

こうして、誰かの不在に傷を負った私は、いつしか誰かの存在に癒され、また歩き出している。「本来、人は生まれてから死ぬまで、ひとりきり」という母の口癖は身に染みている。けれども、私たちはまたたくさんの孤独な人間の集まりだという事実も拭えない。世代や環境は違えど、独りで歩く自分の足腰を強くしてくれたのは、他ならぬ人なのだ。よりかかるのではなく、群れるのでもなく、ひとりがひとりを開き、またひとりで行く背中を押してくれる。

親という根っこのような枷《かせ》を失い、身ひとつとなった私は、切なさと清々しさを同じくらい抱え、虚空を見つめている。ふと思う。空っぽは、彼らが最後の、そして、最良の置き土産として遺していってくれたのかもしれない。ずっと彼らの存在で埋まっていた自分が、ようやくひとりで再出発するための身軽さだった。空っぽを満たす旅に出たけれど、むしろブランクをもつことの豊潤さを、人と出会う度に教えてもらった。

今一度、大切なものを失った淋しさと、そもそもの出会えた幸福をじっと見つめ、そっと寝かせてみる。急ぐことなく、嵐のあとの閑寂に耳を澄ますように。

２０２４年の幕明けを待つ夜

内田也哉子

装丁　大久保明子
装画　内田也哉子
挿絵　内田玄兎
対談構成　小峰敦子

内田也哉子（うちだややこ）

1976年東京生まれ。文章家。エッセイ、翻訳、作詞、ナレーションのほか音楽ユニット sighboatでも活動。樹木希林と内田裕也の一人娘として生まれ、夫の本木雅弘との間に長男でモデルのUTA、長女の伽羅、次男の玄兎がいる。著書に『新装版 ペーパームービー』（朝日出版社）、『会見記』『BROOCH』（ともにリトルモア）、樹木希林との共著『9月1日 母からのバトン』（ポプラ社）、中野信子との共著『なんで家族を続けるの？』（文春新書）など。『たいせつなこと』（フレーベル館）、『うみ』（岩波書店）など絵本の翻訳、テレビ番組「no art, no life」（Eテレ）のナレーションも手がける。

初出
「週刊文春WOMAN」vol.1、2、4〜14、16〜19掲載分に加筆、修正。

BLANK PAGE《ブランクページ》　空《から》っぽを満《み》たす旅《たび》

二〇二三年十二月十五日　第一刷発行
二〇二四年　二　月二十日　第五刷発行

著　者　内田也哉子《うちだややこ》
発行者　小田慶郎
発行所　株式会社　文藝春秋
〒一〇二‐八〇〇八
東京都千代田区紀尾井町三番二十三号
電話　〇三‐三二六五‐一二一一
DTP制作　エヴリ・シンク
印刷・製本　大日本印刷

ISBN978-4-16-391791-7